EL PEQUEÑO
LIBRO DE LOS
CHAKRAS

CYNDI DALE

EL PEQUEÑO
LIBRO DE LOS
CHAKRAS

EDICIONES OBELISCO

Si este libro le ha interesado y desea que le mantengamos informado de
nuestras publicaciones, escríbanos indicándonos qué temas son de su interés
(Astrología, Autoayuda, Ciencias Ocultas, Artes Marciales, Naturismo,
Espiritualidad, Tradición…) y gustosamente le complaceremos.

Puede consultar nuestro catálogo en www.edicionesobelisco.com

Colección Salud y Vida natural
El pequeño libro de los chakras
Cyndi Dale

1.ª edición: febrero de 2018

Título original: *Llewellyn's Little Book of Chakras*

Traducción: *Pilar Guerrero*
Maquetación: *Natàlia Campillo*
Corrección: *M.ª Jesús Rodríguez*
Diseño de cubierta: *Isabel Estrada*, sobre una ilustración de: *Shutterstock*

© 2017, Cyndi Dale
Publicado en inglés por Llewellyn Publications, USA
www.llewellyn.com
(Reservados todos los derechos)
© 2018, Ediciones Obelisco, S. L.
(Reservados los derechos para la presente edición)

Edita: Ediciones Obelisco, S. L.
Collita, 23-25. Pol. Ind. Molí de la Bastida
08191 Rubí - Barcelona - España
Tel. 93 309 85 25 - Fax 93 309 85 23
E-mail: info@edicionesobelisco.com

ISBN: 978-84-9111-309-6
Depósito Legal: B-727-2018

Printed in Spain

Impreso en España en los talleres gráficos de Romanyà/Valls, S. A.
Verdaguer, 1 - 08786 Capellades (Barcelona)

INTRODUCCIÓN
Los chakras como prismas de luz

Cuando era niña veía colores. Obviamente todos los niños ven colores, como el rojo de una manzana o el verde de las hojas. La luna es blanca, el sol amarillo y los vaqueros favoritos de la mayoría de la gente son azul tejano. Pero yo veía colores que los demás no podían ver.

Sabía que mi madre estaba de buen humor cuando la rodeaba un suave halo rosa. Mi padre estaba feliz cuando le salía un color amarillo de la tripa. Cuando mis padres se llevaban bien, de sus corazones salía un colorcito verde. Pero cuando discutían, yo me escondía en mi habitación: el rojo violento y explosivo que había entre ellos reflejaba el problema que iba creciendo.

Cuando me hice mayor, me sorprendió comprender que el resto de la gente no percibía el mundo a mi estilo «plastidecor». Aprendí a ignorar mis percepciones que, por otra parte, jamás desaparecieron. Todavía me sigo preguntando por la fuente de ese torbellino de colores y tonos en movimiento, así como de los sonidos, sensaciones y toda la información que suele acompañarlos. Todo eso tampoco es obvio para los demás.

¿Cómo es posible que ciertas partes de mi cuerpo parezcan rezumar unos colores específicos? ¿Por qué mis manos aumentan de temperatura cuando otra persona está enferma? ¿Por qué suelo soñar con mi abuelo el día antes de que me llame? Estas anomalías no cesaron con la escolarización; tampoco se hablaba de ellas en la iglesia. En mi familia somos noruegos luteranos. No había precisamente pensamiento libre –ni colores– más allá del pensamiento establecido.

Nunca aprendí nada sobre el origen de este prisma de luz extrasensorial, ni de los sonidos ni de la información, hasta que no entré en la veintena y asistí a mi primera clase de sanación energética. Mi mundo cambió cuando la profesora empezó a hablar de los chakras.

La palabra *chakra* es sánscrita y significa 'rueda' o 'disco'. Antiguamente la palabra se pronunciaba *cakra*. Mi profesora explicó que los chakras eran un fenómeno corriente en muchas culturas diversas. Su lista de culturas incluía la maya, la azteca, la hopi, la cherokee, la celta, la egipcia, la zulú, la sufí, la tibetana, la china y –como presentamos en este libro– la cultura hindú.

Todas estas culturas postulaban la existencia de unos órganos sutiles de energía, también denominados centros o cuerpos. «Sutil» designa la habilidad para operar más allá, y también a través, del aspecto físico, y el trabajo de los chakras es el siguiente: gestionar todas las cosas físicas, mentales y espirituales.

Mi primera profesora me habló del sistema clásico de chakras, hindú, que se compone de siete centros en el cuerpo, cada uno de los cuales se ancla en la espina dorsal y se relaciona con una glándula endocrina. Una energía única llamada *kundalini* activa dichos centros descargando asuntos escondidos, emociones y problemas, pero también despertando poderes espirituales y desencadenando una cascada de eventos de profunda transformación.

Aunque se basen en el cuerpo, mi profesora puntualizaba que cada uno de los chakras es interdimensional. La forma de vórtice de los chakras posibilita la relación con varios planos de la realidad. Lo que hace viable la singularidad de un chakra es el hecho de que cada cual funciona en una banda de frecuencia vibracional distinta.

Y justo ahí fue donde pude gritar eureka: la profesora dijo que cada banda de frecuencias –o chakras– está relacionada con un tono, un elemento, o cualquier otro elemento, como por ejemplo un color.

¡Un color! *Ahora* podía entender por qué a mis padres se les veía el pecho de color verde cuando estaban bien el uno con el otro. Verde es el color del cuarto chakra, con sede en el corazón y relacionado con el amor. Tiene sentido, entonces, que cuando discutían el tono se volviera rojo violento. El primer chakra está en el espectro vibracional correspondiente al color rojo y representa la pasión, la seguridad y todas las emociones, incluida la rabia. Los colores extrasensoriales que yo veía desde siempre, con las sensaciones que los acompañaban, no eran gratuitos, tenían que ver con los chakras.

Cuando hube acabado mi primera clase me enamoré de los chakras. Éstos me describían a mí misma al tiempo que iluminaban la realidad. Los chakras no sólo ilustran al ser humano (y a cualquier otra alma viva), sino que realzan la divinidad innata que todos llevamos dentro.

Desde mi primera introducción en esos sorprendentes cuerpos sutiles, continué emocionada mis estudios experimentales con los chakras y conceptos relativos a ellos viajando por Asia, el norte de África, Europa y las Américas, de norte a sur. Metí la nariz en las antiguas enseñanzas, en las escrituras de múltiples culturas, incluso en manuales y estudios científicos, buscando incansablemente la forma de explicarme esos prismas de vida y poder también explicarlo a los demás. He usado los conocimientos y los conceptos que he ido acumulando durante décadas para ayudar a cerca de 60.000 clientes a que sus vidas mejoraran.

Quizá puedas imaginar lo emocionante que me resulta escribir este libro, que forma parte de la serie de libritos de Llewellyn, que exploran las maravillas y misterios del mundo. He experimentado en carne propia el increíble poder de estos cuerpos energéticos y quiero ofrecer la experiencia a los demás.

Yo interactúo conscientemente con mis chakras cada día. Como mamá ocupada que soy, cuidadora de un perro, mujer de negocios, profesora y escritora, la sobrecarga de trabajo la tengo asegurada, pero al mismo tiempo disfruto de mi existencia. Dependo del todo de la inspiración que recibo a través de esos órganos sutiles y empleo técnicas, las explico en la última parte de la obra, para mantenerme sana y feliz, al tiempo que controlo el estrés.

En mi trabajo como sanadora intuitiva y energética, utilizo el conocimiento de los chakras para ayudar a la gente a conseguir:

* Indagar en las causas potenciales de los problemas y apuros de la vida.
* Proteger la salud y recuperarse de la enfermedad, las heridas psicológicas, los patrones problemáticos y otros retos físicos o mentales.
* Liberar emociones reprimidas.
* Expresar los sentimientos sin esfuerzo y de manera productiva.
* Transformar el trabajo en una vocación agradable.

* Resolver dificultades financieras o profesionales.
* Calmar el corazón y crear relaciones basadas en el amor.
* Mantener un estado más constante de paz y bienestar.
* Sintonizar con el guía espiritual.

¿Qué se supone que va a pasar? Que todos los beneficios de la lista precedente y otros, estarán al alcance de tu mano. En resumen, el reino de los chakras te puede ayudar a vivir tus sueños, no a soñar con ellos.

En definitiva, te invito a un misterioso viaje por el mundo de los chakras. Los capítulos de esta obra están diseñados para ayudarte a responder las preguntas básicas sobre los chakras. Desde el principio experimentarás complejidades muy profundas porque los chakras tienen muchas facetas. Por esa razón es tan importante comprender sus funciones básicas, su estructura, historia, ciencia y tipología, áreas principales que se abordan en la primera parte del libro.

En el primer capítulo aprenderás que los chakras son órganos sutiles de energía que afectan a todos los niveles del ser: física, mental y espiritualmente. Verás por qué esas ruedas giratorias de energía, que parecen vórtices, son la clave para vivir con el máximo potencial.

Enfatizamos en las explicaciones energéticas porque los chakras son fundamentalmente órganos energéticos. Dado que se componen de energía sutil o inconmensurable, en vez de física y mesurable, los consideramos órganos extrasensoriales. La energía sutil, realmente, subyace a toda realidad física actuando como un emparrado en el que se organizan las energías físicas. Si alteras tus energías sutiles, verás la repercusión en la realidad física. Eso significa que maniobrar en los chakras nos permite guiar directamente nuestra vida cotidiana.

En el capítulo inicial también te introduciremos brevemente en los siete chakras básicos que constituyen el sistema de chakras hindú (*véase* figura 1). En el segundo capítulo aprenderás la estructura de un chakra individual, así como los chakras dentro del contexto de su «sistema familiar», una familia tripartita de energía sutil también compuesta por canales y campos energéticos. Asimismo, conocerás el famoso *kundalini*, la chispa divina que activa la transformación a través de la interacción de los chakras.

En el tercer capítulo se amplía la introducción a los chakras, detallando cada uno de los centros energéticos, incluyendo información sobre los nombres hindúes de cada chakra, su localización, color, sonido, conexión planetaria, arquetipo y mucho más, como sus efectos físicos, mentales y espirituales.

Y ahora, chakra-fans, ¡arremangaos! Llegamos a la segunda parte. En los capítulos de esta parte presentaremos las múltiples técnicas que nos benefician mediante la interacción de los chakras. En el capítulo cuatro te introduciremos en los principios básicos de los chakras y aprenderás a localizártelos. En el capítulo cinco te proponemos ejercicios prácticos para evaluar tus propios chakras y en el sexto te enseñaremos a despejar y sanar a través de los chakras.

El capítulo siete está dedicado a ayudarte a reducir el estrés mediante los chakras. ¿Y qué mejor manera de reducir el estrés que dormir? Conseguirlo con facilidad es el objeto del capítulo ocho.

Evidentemente, no podemos eliminar todos los factores estresantes de la vida; no podemos controlar el mundo entero, sólo a nosotros mismos. Como descubrirás en el capítulo nueve, el control de los chakras es una de las mejores maneras de ponerle límites.

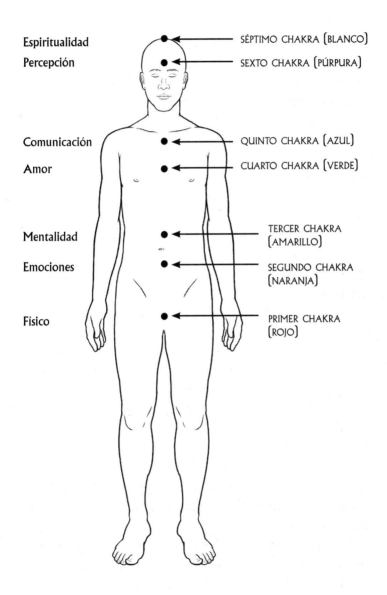

Figura 1: *Los siete chakras en el cuerpo.*

Sin fronteras sutiles es fácil perder la energía y acarrear con los sentimientos y las emociones de los demás, incluso se puede caer enfermo.

Y ahora el otro lado de la moneda: manifestación. La curación implica soltar energías innecesarias o dañinas. Mientras que la manifestación o expresión implica la atracción de energías beneficiosas y deseables. En el capítulo diez, te enseñaremos cómo emplear los chakras para atraer lo que necesitas. Finalmente, en el capítulo once, te acompañaremos en uno de los más hermosos apartados de un devoto de los chakras: la capacidad de la percepción espiritual.

¿Preparado para el viaje? Todo está preparado para ti. Mientras vayas aprendiendo cosas sobre esos prismas del amor llamados chakras, no olvides que el más alto objetivo debe ser el conocimiento de ti mismo. Cuando más enciendas tu luz interior, más se iluminará el mundo entero.

PRIMERA PARTE

COMPRENDER
LOS CHAKRAS

Rueda a Rueda

*No tienes que reinventar
la rueda cada día.*

CHUCK CLOSE

Piensa en cuánta energía gastas intentando conseguir tus objetivos y en trabajar para alcanzarlos. Obviamente, para conseguir los sueños se necesita perseverancia –y un poco de suerte– añadirá alguno. Pero pocos de vosotros sabéis que los prismas de energía innata que llevamos en el cuerpo pueden ayudarnos a aliviar nuestras luchas y aumentar nuestros logros.

Dichos prismas son los chakras, definidos como órganos sutiles de energía. «Sutiles» no significa débiles; de hecho, las energías sutiles dirigen y hasta transforman las energías físicas. Vas a descubrir que los chakras, que parecen vórtices turbulentos de luz o ruedas giratorias, están perfectamente diseñados para ayudarte a conducir mejor tu vida.

En la segunda parte encontrarás casos prácticos que te ayudarán a operar esas «ruedas giratorias» conscientemente. Tu éxito en esta aventura, sin embargo, dependerá de que entiendas qué son los chakras exactamente, cómo funcionan y lo que hacen. Los capítulos de la primera parte están pensados para ayudarte a adquirir ese conocimiento.

En los primeros dos capítulos de la primera parte aprenderás sobre las funciones básicas y la estructura de los chakras, así como «sus parientes», los otros sistemas sutiles con los que se relacionan. Descubrirás que los chakras dirigen los temas físicos, mentales y espirituales, y deben ser comprendidos científicamente. También te familiarizarás con el sistema clásico hindú, que consta de siete chakras corporales (*véase* figura 1). El conocimiento de estos siete chakras propiciará la transformación que se detalla en la segunda parte de la obra.

Al mismo tiempo que vayas interactuando con estos siete espléndidos prismas de luz, te irás dando cuenta de que no tienes que reinventar tu vida para conseguir todos y cada uno de tus objetivos. Las ruedas giratorias –especialmente la buena suerte– han estado siempre al alcance de tu mano.

Capítulo Uno

¿Qué es un chakra?

Nuestros ancestros examinaban continuamente el cuerpo humano para intentar entender los misterios de la vida. Imagina su sorpresa al percibir la existencia de esas ruedas turbulentas de luz y energía que emanan de la espina dorsal, tanto por delante como por detrás de ésta. Las mismas espirales aparecen en la superficie del agua, en el viento y en las tormentas de arena. Movimientos similares definen la curva de las conchas y la ondulación de las estrellas. Así que nuestros antepasados concluyeron que estos vórtices debían de expresar algo inefable, dinámico e inmortal para la raza humana... Y tenían razón.

Cuando te miras en un espejo no ves los vórtices. Tu libro de ciencias del instituto no habla de ellos y no te tienes que dejar el abrigo desabrochado para que salga la energía. ¡Pero están ahí, gracias a Dios!

Los vórtices que llevas en tu cuerpo se llaman «chakras» y en este capítulo aprenderás lo que son, cómo trabajan y por qué es tan importante comprenderlos. También te introducirás en el sistema de chakras más popular, que es el clásico hindú. Esos chakras garantizan tu habilidad para funcionar como el ser vibrante e interdimensional que realmente eres. Mientras profundizas en la mística de estos invisibles pero completamente reales cuerpos energéticos, verás que estás aprendiendo más sobre tu propio cuerpo, mente y alma, porque es en lo chakras donde estos tres aspectos de ti mismo se unifican en uno solo.

Chakras
Tus sutiles órganos de energía

A menudo, lo que aparece en la naturaleza está reflejado en el cuerpo. Los vórtices que observamos cuando se va el agua de la bañera, en los remolinos de los ríos y en las hojas que caen también existen en el cuerpo. Los chakras son cuerpos sutiles de energía que controlan todos los ámbitos de la vida.

A nivel primario, los chakras son muy parecidos a los órganos físicos. Como el hígado o el corazón, cada órgano chákrico tiene una sede y una función precisa. Igual que los órganos físicos, los chakras se relacionan entre ellos, asegurando una salud óptima cuando funcionan bien. Del mismo modo que pasa con los órganos físicos, un solo chakra comprometido puede afectar al sistema entero. Sin embargo, al contrario que el hígado o el corazón, un chakra es una estación de servicio completo, capaz de gestionar aspectos mentales y espirituales, además de los físicos.

Por ejemplo, si tienes hepatitis C (que es una infección crónica del hígado), un médico alopático prescribirá una medicación. Pero en la aproximación basada en los chakras, también se tendrán en cuenta los problemas emocionales que afectan a la infección, con el fin de establecer una actitud sana que dé un empujón positivo a los efectos del tratamiento físico (y en muchas ocasiones minimice los efectos secundarios), conectando a la persona con su guía espiritual para que lo apoye. Un chakra puede hacer todo esto porque está compuesto de una energía mucho más sutil que la energía física.

Todo está hecho de energía. La energía es información que vibra y se mueve. Existen dos tipos básicos de energía: la física y la sutil, que son definible e indefinible, respectivamente. Las diferencias entre éstas explican la distinción entre los órganos físicos y los chakras. Y, dado que los chakras son órganos sutiles, son capaces de conseguir los siguientes objetivos:

* Servir a una parte del cuerpo, incluyendo nervios y/o glándulas endocrinas
* Regular los elementos físicos creando interacciones saludables con el mundo natural
* Determinar la susceptibilidad, incluso la inmunidad, hacia un abanico de dolencias, enfermedades, adicciones, alergias, traumas, etc.
* Gestionar los problemas mentales y emocionales.
* Crear construcciones mentales para animar al éxito en el trabajo y las relaciones.
* Desencadenar habilidades mentales o intuitivas.
* Recibir mensajes del mundo y saber interpretarlos.
* Compartir mensajes con el mundo, teniendo en cuenta cómo responden los otros.
* Almacenar memorias para acceder a ellas cuando se las solicita.
* Nutrición de una parte especial de tu identidad espiritual.

Estas hazañas hercúleas son posibles porque las energías sutiles que subyacen, afectan, transforman y pueden convertirse, eventualmente, en energía física. Echaremos después un vistazo a esta relación entre las energías física y sutil. Esta información tendrá mayor significado cuando se conocen los chakras básicos y sus increíbles poderes. Mientras los aprendemos, cabe recordar que ellos ya saben de nosotros. De hecho, te han estado ayudando a crearte a ti mismo desde hace mucho tiempo.

Los siete chakras del cuerpo
La infraestructura de tu cuerpo, mente y espíritu

Muchos occidentales están al tanto de los siete chakras que tenemos en el cuerpo, de los cuales se habla en el modelo ortodoxo o clásico hindú. En general, la visión clásica hindú considera que los chakras activan la liberación de los anclajes del cuerpo y la unión con la divinidad, que ellos llaman Brahma. En otras palabras, los chakras nos elevan desde la realidad física de una forma muy profunda.

En realidad, hay muchos sistemas distintos de chakras. Algunos cuentan docenas de chakras; otros unos pocos. Hay sistemas adicionales que categorizan los chakras según estén dentro o fuera del cuerpo, o si son chakras mayores o menores. Una de las razones de la popularidad del sistema clásico hindú es que la fuente de la que bebemos son los textos védicos, las escrituras sagradas del hinduismo. La misma palabra *chakra* procede de los textos védicos, que son las escrituras sagradas más antiguas del mundo. Los cuatro cánones védicos originales salieron del valle del Indo, una llanura aluvial inhabitable del río Indo. Esa área se localiza entre el actual

Afganistán, Pakistán y el noroeste de la India. Esos textos contienen información de, por lo menos, 8.000 años de antigüedad y han estimulado la escritura de cientos de textos posteriores que forman el universo de conocimientos de la India –entre otras cosas, sobre los chakras–. Las escrituras védicas y las no védicas ofrecen aproximaciones a los chakras relacionados con el tantra (conjunto de filosofías y prácticas dirigidas a la iluminación), con el yoga (prácticas que incluyen el control de la respiración, la meditación y el uso de posturas corporales).

Irónicamente, considerando la moderna visión de los chakras como cuerpos espirituales, la palabra *cakra* alude, en primer lugar, al armazón de un carro, a las ruedas del mismo, a discos y a un proceso de irrigación a través de una rueda de hierro. También es un signo de dinamismo (*Encyclopaedia Britannica*). A través de la subsecuente literatura, los chakras empezaron a tomar forma y, finalmente, emergieron como cuerpos sutiles que chisporrotean dentro de la compleja anatomía sutil de las energías que se describe en el siguiente capítulo. Los chakras llegan a ser el sostén general de numerosas religiones, incluido el budismo, el sikhismo y el taoísmo, además han sido incorporados a miles de metodologías de la salud y a terapias espirituales como el yoga, el qigong, el taichí, la meditación, las artes marciales, etc. Muchas de esas aproximaciones, diferentes entre ellas, incorporan los siete chakras básicos (o alguna versión de ellos), dado que son más accesibles y manipulables.

También llamados centros, puntos, cuerpos y nodos, cada uno de los siete chakras sirven a los tres aspectos del ser. La mayoría de nosotros somos conscientes de que tenemos –o somos– cuerpo, mente y alma. El cuerpo es el yo físico. La mente es la expresión de los pensamientos que crean emociones y creencias. El alma es el aspecto intemporal de uno mismo que intenta comprender el propio yo, la realidad y lo transcendente a través de las experiencias. Los chakras controlan las funciones de esas tres partes del ser de las siguientes formas:

* FÍSICAMENTE (SIRVIENDO AL CUERPO): Desde el punto de vista espacial, cada uno de los siete chakras se ancla a un nervio plexo, una rama formada de nervios interconectados y vasos sanguíneos; se conecta con una glándula endocrina que fabrica hormonas; regula un área del cuerpo. Eso significa que cada chakra es responsable de un conjunto preciso de condiciones físicas.

* PSICOLÓGICAMENTE (SIRVIENDO A LA MENTE): Cada chakra controla distintos pensamientos y sentimientos. Juntos forman la base de nuestras emociones y creencias. Algunas emociones y creencias son positivas, motivándonos hacia la felicidad y el éxito; otras son decididamente destructivas o, en el mejor de los casos, neutras. Estas últimas nos aprisionan entre ideas represivas, depresivas o nos producen ansiedad. Los chakras pueden crear ambos tipos de construcciones mentales, las cuales, a su vez, afectan a nuestras actitudes, actividades y relaciones.

* ESPIRITUALMENTE (SIRVIENDO AL ALMA): Cada chakra apoya nuestro bienestar anímico y nuestra particular forma de expresar la divinidad en el mundo. Como parte de ese intento, cada chakra tiene ligadas ciertas cualidades psíquicas o intuitivas. Esto nos posibilita la recepción de guía, la conciencia y la capacidad para compartir la luz de la que realmente estamos hechos.

¿Cómo pueden entrelazarse las funciones de los chakras? Lo ilustraré con un ejemplo de mi propia vida.

Hace unos años yo era una madre soltera con tres hijos y cinco mascotas. No había forma humana de trabajar, sacar a pasear a los perros, mantener el jardín en condiciones, cocinar todo tipo de menús según los gustos y edades de mis hijos y sacarlo todo adelante. Entonces decidí trabajar con los chakras.

Como podrás descubrir, cada uno de los chakras del cuerpo controla su propio conjunto de funciones. Dado que lo que yo necesitaba era ayuda real para sacar mi casa adelante, me centré en mi cuarto chakra, que regula las relaciones sociales. Me metía en la cama y meditaba sobre esta área y la localización del chakra, justo antes de dormir, hasta que me quedaba dormida. Aprenderás diversas técnicas en la segunda parte del libro que te ayudarán a concentrarte en un chakra preciso.

En una ocasión, tuve un sueño en el que un ángel aparecía y señalaba mi corazón. Yo llevaba una coraza. Entonces comprendí que estaba blindada, con el corazón bloqueado ante cualquier ayuda. También descubrí la razón. Mi padre creció en plena Depresión y nos crio, a mí y a mis hermanas, sermoneándonos continuamente:

«Rechazad los favores. Si podéis hacer algo vosotras mismas, ¡hacedlo!».

Siendo niño, mi padre se sintió avergonzado cuando su familia tuvo que recurrir a las ayudas sociales para llegar a fin de mes. Aparentemente, este mensaje caló hondo en mí y me provocó un bloqueo en el chakra asociado con las relaciones sociales, haciendo que me sintiera avergonzada si aceptaba algún tipo de ayuda. Al menos ésa era mi percepción. En mi sueño le pedí al ángel que me quitara esa armadura tan estridente e inútil.

Al día siguiente, me llamó una amiga. Ya le había comentado la sobrecarga de trabajo que estaba sufriendo en conversaciones previas y, en sus clases de yoga, había preguntado a sus alumnos si alguien necesitaba un trabajo extra. Cuatro personas se ofrecieron a ayudarme y a un precio realmente asequible. Al día siguiente me encontré con todo un «equipo» de trabajo.

Mi historia demuestra cómo la interactuación con los chakras puede ayudarnos en la vida cotidiana. En este caso, actuaron tres chakras. Físicamente, personas reales se ofrecieron para ayudarme. Mentalmente, me deshice de una creencia falsa que impedía que me dejara ayudar. Anímicamente, un ángel me guio en el proceso. ¿Cómo afectan los chakras a estas tres áreas de la vida simultáneamente? Vamos a verlo.

Los chakras como vórtices multifunción

Los chakras pueden colmar necesidades muy diversas porque, como ya he apuntado, realmente parecen vórtices y operan como ruedas. Son remolinos de luz y sonido, una convergencia espacial de cuerpo, mente y alma. De hecho, la forma más fácil de entender los chakras es imaginar esos vórtices (*véase* figura 2). Los seis chakras inferiores emanan por ambos lados del cuerpo, pero el séptimo sólo emana hacia arriba (corona), hacia el cielo. (Aunque sólo represente el embudo que sale del cuerpo, generalmente se cree que también está el vórtice trasero dentro del cráneo, cumpliendo con las funciones de chakras traseros, como se verá en el capítulo 2).

No importa lo complicada que resulte la exploración de los chakras, siempre volveremos a visualizar esa danza en espiral que define sus infinitos efectos. Dado que los vórtices de los chakras giran graciosamente, forman una circunferencia, uniendo el mundo físico con planos etéreos de la existencia muy lejanos. Simultáneamente, estas rotaciones conectan todos los aspectos del ser –cuerpo, mente y alma– con esos reinos, girando sin parar en la dirección de las agujas del reloj, contra las agujas del reloj, o incluso ambas cosas al mismo tiempo.

Si pudieras apretar el botón de pausa en un mando a distancia para chakras, verías imágenes de flores de loto en cada uno de ellos. Por esa razón hay tantos dibujos que muestran lotos que salen de los chakras. Diferentes números de pétalos emergen de cada uno de los siete chakras, indicando sus diversos giros y frecuencias, expresando las funciones y cualidades únicas de cada uno de ellos. Lo más importante, sin embargo, es llegar a comprender el impacto de los chakras en la vida. ¿Te has preguntado qué pasa cuando uno de esos puntos de tu cuerpo se estira hasta los cielos? Te invita a expandirte con él, desde la raíz de tu cuerpo físico hasta la altura más espiritual.

Hay otra razón de interés en los amplios efectos de los chakras y es el que opera emanando su propia banda de frecuencia vibratoria. Cada banda de energía existe tanto en el plano físico como en los planos sutiles y los entrelaza. Un chakra individual interactúa con todas las energías que encajan con él en su misma frecuencia. La fuente de dicha energía no importa. La puede originar una persona, un animal o un libro, poco importa. Las energías que vibran en la misma frecuencia encajan sin más.

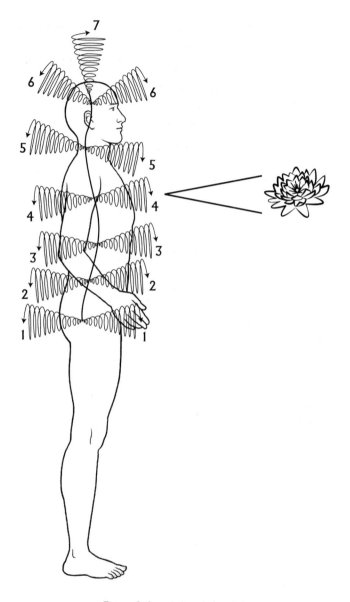

Figura 2: *Los vórtices de los chakras.*

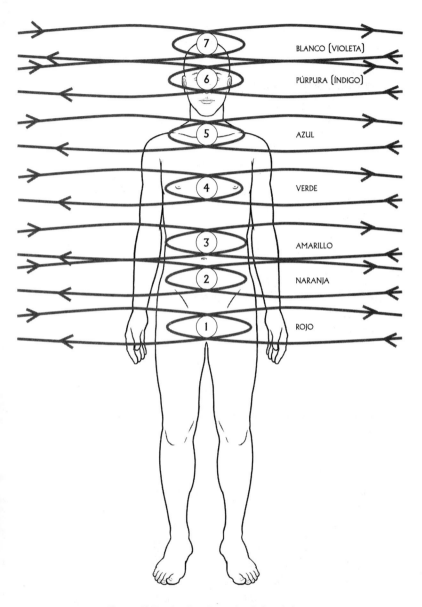

Figura 3: *Las bandas vibratorias de los chakras.*

Esas bandas de energía pueden representarse corriendo horizontalmente a través del cuerpo; puedes verlas en la figura 3. Cuando examines la imagen, presta especial atención a las flechas de los bordes. Éstas reflejan cómo la energía entra en el chakra y en el cuerpo físico y pasan a través de él. El chakra, además, añade su propia energía que vibra en la misma frecuencia, en el proceso.

Estas ondas horizontales se han descrito de muchas maneras. Pueden ser entendidas como colores, sonidos, formas o arquetipos, entre muchos otros símbolos; cada uno de ellos está conectado a un nervio plexo, una glándula endocrina, un planeta, un dios, una diosa, un don intuitivo y muchas más cosas. Como ya hemos apuntado, cada chakra se encarga de una función física, otra mental y otra espiritual. Del mismo modo, el propósito de cada chakra puede ser resumido en una sola palabra. Por ejemplo, no importa lo que pase ni lo que haga, el primer chakra afecta constante y únicamente al yo físico. Lo *físico* es la mejor manera de encapsular el propósito general de este chakra.

Se te mostrarán las especificidades de cada chakra en el capítulo 3, incluyendo sus nombres en hindú. Por ahora puedes referirte a la siguiente descripción de los chakras tal y como los explicamos según su orden numérico:

CHAKRA	UBICACIÓN	COLOR	FUNCIÓN
Primero	Pubis	Rojo	Física
Segundo	Abdomen	Naranja	Emocional
Tercero	Plexo solar	Amarillo	Mental
Cuarto	Corazón	Verde	Amor
Quinto	Tiroides	Azul	Comunicación
Sexto	Frente	Púrpura	Percepción
Séptimo	Centro del cráneo	Blanco	Espiritualidad

Te habrás dado cuenta de que los colores empiezan con el rojo y van cambiando hasta llegar al blanco. En medio están los colores como si se hubieran escapado de la caja de rotuladores: naranja, amarillo, verde, azul y púrpura. Cada uno de esos colores refleja la banda horizontal de color correspondiente y expresa el chakra con que se relaciona. Hay otro sistema de chakras, sin embargo, en el que los colores varían.

En un sistema diferente pero igualmente popular, el sexto chakra es índigo, que se parece a un azul marino profundo, mientras que el séptimo chakra blanco, es púrpura o violeta claro. En muchas culturas el azul se asocia con la espiritualidad; índigo y púrpura son extensiones del color azul, por tanto también relacionados con la espiritualidad. En particular, el índigo se relaciona con la clarividencia o habilidad para percibir imágenes intuitivas. El sexto chakra suele ser considerado frecuentemente como la casa de la clarividencia. El púrpura indica realeza y liturgia, por lo que refleja la espiritualidad en su más amplia extensión; por consiguiente, es lógico asignar este color al séptimo chakra, el de la corona (Hamilton-Parker, *The Aura*).

Yo prefiero usar el sistema que va del rojo al blanco por dos razones. Una es que es la fuente más prevalente de conocimiento occidental de los chakras, basada en el trabajo de John Woodroffe. Bajo el pseudónimo de sir Arthur Avalon, el libro de Woodroffe, *The Serpent Power* se publicó en 1919 y se convirtió en un manual indispensable para cualquier aproximación a los chakras. En su análisis incluye la conexión entre los chakras y los nervios plexos y las funciones más frecuentemente transmitidas.

Woodroffe asignó el color blanco al séptimo chakra. Tiene sentido que el blanco corone el sistema de chakras, porque es la mezcla de todos los colores y, además, simboliza la pureza de todas las cosas buenas. También interpretó las escrituras de Laya yoga donde se describen los pétalos del primer chakra como un crismón rojo, contrastando con el blanco. «De acuerdo con otros expertos en chakras, he interpretado el resto de colores de los chakras como una gradación que va del rojo al blanco; algunos de los otros colores relacionados con los chakras están en el sistema que presento y otros no» (Avalon 103-180, 317-479).

Mi forma de entender el sistema rojo-a-blanco, sin embargo, procede de una perspectiva más científica, cuya investigación se menciona en la página 34, en la sección «La verdadera naturaleza de las energías físicas y sutiles». Dicha investigación describe la actividad electromagnética de los chakras y: descubrió que los tonos de los chakras eran, en orden: rojo, naranja, amarillo, verde, azul, púrpura y blanco.

Evidentemente estoy hablando de percepciones reales, literales, del color. Nuestros pensamientos y sentimientos determinan lo que vemos. La mayor parte del tiempo veo que la gente es fiel al color natural de los chakras tal y como se los explican. Yo sugiero que cada cual escoja una escala de colores con los que se identifique plenamente.

Como se desprende de lo explicado hasta ahora, trabajar con los chakras —ya sea con un propósito sanador, para centrarse en un deseo o para aumentar la percepción— es un proceso extraordinario. Déjame poner un ejemplo de cómo es todo un mérito aprender sobre los chakras mediante una de las aplicaciones más importantes del conocimiento de los chakras, que es la curación.

Una historia de curación
Un cambio para el cuerpo, la mente y el alma

Una vez trabajé con una mujer (Janie) que luchaba contra un síndrome de intestino irritable, recurrente. Este síndrome es una dolencia común que afecta al intestino grueso. Los síntomas incluyen espasmos, hinchazón, gases, diarrea y estreñimiento. La comunidad médica no tiene claras las causas de este problema, aunque se asocia al estrés emocional, la higiene de vida, la dieta habitual del individuo, las hormonas, el sistema nervioso y otros factores.

Janie había probado numerosas terapias alternativas, además de la medicina alopática, antes de recalar en mi despacho. Llevaba una dieta muy restrictiva y tomaba medicación, pero cada dos semanas tenía algún episodio de dolorosos espasmos y diarrea. Decidí centrarme en su chakra abdominal, el segundo chakra, que tiene que ver con las emociones.

Janie y yo trabajamos juntas durante algún tiempo. En cada sesión nos centrábamos en algún punto de su historia emocional. La guie hacia su centro emocional y le pedí que siguiera la memoria que se le presentase. Nuestra búsqueda consistía en descubrir las situaciones que se relacionaban con el síndrome.

Durante el proceso, Janie descubrió varias memorias no resueltas, todas ellas le creaban estrés emocional y pensamientos negativos. Cuando descubrimos la razón de su angustia, su intestino empezó a mejorar. En ningún momento abandonó la medicación y la restrictiva dieta, pero después de trabajar juntas fue mejorando realmente por primera vez. Dejó, poco a poco, de sentir sus drásticos síntomas y las crisis se espaciaron cada tres meses, en lugar de cada quince días. Estaba atónita.

En ocasiones, el trabajo con los chakras resulta casi milagroso, mientras que otras veces sólo aporta ligeras mejoras, como las experimentadas por Janie. En definitiva, nos ayuda a clarificar nuestras necesidades y despierta nuestra habilidad para tomar decisiones eficaces. Las técnicas de la segunda parte de esta obra están diseñadas para sumergirte en el poderoso y poético mundo de los chakras y obtener beneficios con ellos.

¿Qué hace que los chakras sean tan influyentes? Para comprenderlo debemos volver al tema de la energía.

La verdadera naturaleza de las energías físicas y sutiles

Los chakras son como técnicos de energía, no hay duda al respecto. Para apreciar realmente su especialidad, es imperativo llegar a comprender mejor las diferencias entre la energía física y la sutil, así como sus similaridades.

La energía física es mesurable. Con la energía física no tenemos ningún problema de comprensión y aceptación porque siempre se nos ha dicho que la única realidad es la física. Lo cierto es que es bastante fácil señalar y demostrar la naturaleza concreta de este mundo. No hay muchos juegos de ingenio relacionados con los cinco sentidos, que nos ayuden a comprender el sentido del oído, de la vista, del olfato del gusto o del tacto, porque lo que vemos es lo que nos creemos. Un gramo de mantequilla pesa 1 g. Un mosquito suena –y pica– como un mosquito.

Además de ser mesurable, la información física también puede ser previsible, lo que significa que cuando hacemos algo, tenemos una idea bastante clara y aproximada de lo que va a ocurrir. Si sigues las instrucciones de una receta para pasteles, te saldrá un pastel. Este nivel de certeza es posible porque los objetos físicos obedecen a los policías del universo.

Esta «policía» es el conjunto de leyes de la física. Es la base de la mecánica clásica y describe la forma en que el cuerpo (o un objeto) interactúa con las fuerzas. En general, estas leyes explican cómo los chakras, aunque no podamos verlos, afectan a nuestro bienestar físico y mental, porque actúan psicofisiológicamente y funcionan como máquinas de luz y sonido.

El término *psicofisiológico* es una mezcla de dos conceptos. *Psico* se refiere a la mente, por tanto, a las emociones, sentimientos y creencias. *Fisiológico* se refiere a las funciones del cuerpo. Desde el punto de vista físico, las emociones se crean mediante impulsos eléctricos y químicos en una complicada danza entre el sistema endocrino y el nervioso. La doctora Candace Pert, renombrada científica y experta en los fenómenos cuerpo-mente, descubrió que los receptores celulares de los nervios que procesan las emociones están agrupados en los puntos chakras –sí, exactamente en los mismos puntos en los que ubicamos los chakras–, probando que éstos son cuerpos tanto físicos como mentales (Pert, 245). Pero aún hay más.

Los chakras también son órganos de luz y sonido. Es importante comprender que, desde el punto de vista mecánico, cada célula del cuerpo irradia una carga eléctrica. La electricidad crea campos magnéticos. Juntos forman campos electromagnéticos (EMF, *electromagnetic fields*) que en definitiva son luz. En 1970 se hicieron investigaciones que revelaron que cada chakra funciona con una banda de EMF o banda de color y frecuencia imperceptible para el ojo humano. Los colores que emanan de cada chakra se asocian con el sistema tradicional hindú, del rojo al blanco (Hunt, *et al.*). Como están hechos de color, podemos usar los colores para interactuar con ellos, lo cual aprenderás en la segunda parte.

En tanto que máquinas de sonido, los chakras también reflejan la realidad del zumbido o sonido producido por cada parte del cuerpo. Sí, el hígado produce distintos sonidos, como lo hacen todas las partes del cuerpo. Esta orquestación ocurre porque la vibración crea sonido. Todo vibra; por consiguiente, todo suena. Como descubrirás en el capítulo 3, los maestros hindús asignaron un tono a cada chakra, llamados *bija* mantra en el lenguaje de los chakras. Literalmente, los chakras se ven afectados por los sonidos y comparten información del mundo a través del sonido. Por eso, se pueden usar tonos y otras herramientas verbales para mejorar nuestra vida mediante la interacción con los chakras, como verás en la segunda parte.

En contraste con las energías físicas, las energías sutiles no son mesurables. Eso significa que no podemos monitorizarlas ni predecir su actividad con la tecnología de que disponemos actualmente, como los rayos X, por ejemplo. A pesar de la relativa invisibilidad de las energías sutiles, sabemos que existen por sus sorprendentes efectos.

Hay otras palabras para definir las energías sutiles, como psíquicas, intuitivas, etéreas, punto cero, vital o espiritual, ondas, taquiones, chi, prana, contra ondas, ondas longitudinales, biocampos, biomagnetismo, etc. A mí me gusta la expresión «energías sutiles» porque expresa su naturaleza. De hecho, el primer físico en utilizar esta expresión fue Albert Einstein, que definió las energías sutiles como una energía o «fuerza que permanece en ausencia de otras fuerzas»

(Crowe, 206). En otras palabras, la energía sutil no es física pero es altamente interactiva. El poder de su acción emana de la información que contiene, aunque ésta no pueda ser vista (Crowe, 206). Las energías sutiles tienen todavía más influencia. Cuando vibran, hacen vibrar a todo aquello con lo que conecten y lo hacen cambiar. Cuando las energías sutiles «tocan» cualquier nivel de la realidad, la que se ve y la que no, un cambio en dicha energía sutil puede modificar cualquier nivel de la realidad, incluida la física.

Desde el punto de vista científico, la mecánica cuántica es la que mejor explica las energías sutiles y los milagrosos efectos que pueden llegar a tener los chakras. La física cuántica estudia los cuantos, que son las unidades más pequeñas del universo. En comparación con las energías físicas, las sutiles son mucho más fluidas. El mundo de los cuantos resulta raro e incluso espeluznante dado que hay cosas que pueden pasar al mismo tiempo. Una cosa puede aparecer y desmaterializarse. Pero el mundo cuántico también está regido por leyes, aunque sean más fluidas que las de la física clásica.

Una de las más importantes leyes cuánticas es la que describe cómo un observador afecta al comportamiento de lo que está siendo observado. Otra dice que dos objetos o personas conectadas entre sí se influyen la una a la otra y siguen influyéndose incluso estando separadas por el tiempo y la distancia (Dale, 2009, 21-28).

¿Y qué tienen que ver esas leyes con los chakras? Los vórtices de cada chakra afectan al mundo físico pero son, básicamente, canales de cuantos. Si te centras en un deseo a través de un chakra, te conviertes en «el observador» y puedes dirigir la energía a tu objetivo. A través de un chakra también puedes conectar con todo y con todos, en cualquier lugar. Es un escenario perfecto para abrirse a la guía espiritual, trabajar en nuevos retos relacionales, armonizar el pasado con el futuro o averiguar los próximos pasos que se darán en la vida.

Por muy diferentes que parezcan las energías físicas y las sutiles, colaboran mucho entre ellas. Éste es un punto importante que cabe remarcar porque explica cómo los chakras pueden afectar tanto al mundo físico como al sutil, simultáneamente.

En su interactividad, los campos electromagnéticos (EMF) realmente liberan energías sutiles al cuerpo físico (Crowe, 206). Para entender este concepto, imaginemos una ola de luz multicolor. Ahora imagina unas burbujitas (invisibles) entremezcladas con la ola. Algunas de las burbujitas llegan a la cresta de la ola, mientras que otras se quedan por debajo. Algunas salen despedidas a muchos metros de distancia y otras se quedan escondidas dentro de la ola. En sus complicados movimientos efervescentes, esas energías representadas por las burbujas alteran la luz de la ola, y viceversa. Las bandas de energía que salen de los chakras son tanto físicas como sutiles. Los chakras operan como puertas entre lo concreto y lo intangible.

Una de las razones para que las energías físicas se vean tan afectadas por las sutiles –y que las energías sutiles tengan facilidad para actuar sobre el mundo de lo concreto– es que el mundo material no es tan sólido y duro como creemos. De hecho, en cierto modo es sutil. Las investigaciones científicas revelan que los átomos están hechos y conectados por vórtices de energía que vibran y giran constantemente. Esos canales –reminiscencia de los chakras girando– aparentan densidad e impermeabilidad. En realidad no hay nada sólido, todo está hecho de energía en movimiento, sólo que unas se reconocen mejor que otras. Los chakras son los canales que nos permiten movernos entre las diversas formas del ser, desde lo físico a lo espiritual, y viceversa.

Los chakras no transfieren información entre los reinos físico y sutil, sino que pueden transformar a uno en otro.

El siguiente punto de este capítulo te ofrecerá la imagen más clara posible de los chakras en tanto que transformadores.

Los chakras como transformadores

Un transformador es un artefacto eléctrico que cambia la electricidad de un voltaje a otro. Durante ese proceso, también puede alterar el tipo de energía hasta convertirlo en otro tipo de energía distinto.

Jerrian J. Taber, autora de *The Rapid Healing Techiniques*, explica que los chakras dirigen la energía en cuatro direcciones: arriba, abajo, dentro y fuera (Taber, 11). Eso significa que los chakras mueven energías de lo más alto a los estados más bajos (y viceversa), así como de dentro afuera del cuerpo. También son capaces de pasar energía de un plano a otro de la existencia (que se describen en el próximo capítulo) y entre el propio cuerpo, mente y alma y los de los demás. Como si no estuviesen suficientemente ocupados con estas tareas, también convierten la energía física en energía sutil (y viceversa). En otras palabras, actúan como auténticos transformadores.

¿Qué implican este tipo de intercambios en la vida cotidiana? Imagina que vas a visitar a tu madre y, sin prestar demasiada atención, le dices que tienes hambre. Tu padre no está en casa, va conduciendo del trabajo a casa y no sabe que estás de visita.

Sin saberlo conscientemente, uno de tus chakras empaqueta tus palabras físicas transformadas en datos más rápidos que la luz y los lanza a la atmósfera. Del mismo modo inconsciente, tu padre recibe los datos y uno de sus chakras se dispone a responder a tus necesidades.

Sin saber por qué, tu padre se para en una pastelería y compra una bandeja de pastelitos. Deduce que tu madre tendrá hambre, pero ¿pasteles extra? Su acción no tiene mucho sentido ni para él mismo. Cuando entra por la puerta te sorprendes agradablemente al verlo con una bandeja de pastelitos, lo bastante repleta como para un invitado sorpresa.

En este ejemplo se ve el trabajo conjunto entre tus chakras y los de otra persona. La información ha pasado de un estado físico (tu comentario) a un estado sutil (la intuición de tu padre) y regresa al estado físico (los pasteles). No está nada mal para un día de trabajo.

Tu frase no ha llegado físicamente hasta tu padre como si se hubiera encontrado con una nota encima de la mesa. Pero ha sido capaz de transformar una impresión –tu deseo– en algo que pudiera ser comprendido y eso ocurre gracias a los chakras. Claro, que su percepción no se transforma en pasteles pero sí ha estimulado una reacción física en él.

Como técnicos en energía, los chakras de dos personas diferentes saben cómo convertir la energía sutil en física y viceversa. En la segunda parte aprenderás cuatro tipos de intuición que te ayudarán a comprender los mensajes que los chakras lanzan a tu universo.

¿Estás listo para ver cómo trabajan los chakras? Lo cierto es que no pueden dejar de ayudarte porque están pensados para servir a un montón de funciones que se discutirán en el siguiente capítulo. No sólo son técnicos en la gestión de la energía sino que también proporcionan asistencia.

En el próximo capítulo aprenderás todo lo referente a la mecánica estructural de los chakras y conocerás a otros miembros de la familia de la energía sutil. Te sorprenderá el esplendor de los sistemas sutiles que apoyan tu cuerpo, tu mente y tu alma.

RESUMEN

Has aprendido que tus chakras son cuerpos de energía sutil. Aunque hay diversos sistemas de chakras, aquí sólo hemos presentado el sistema clásico hindú, que propone siete chakras anclados al cuerpo físico y que aparecen como vórtices giratorios de energía. Cada uno de estos chakras proporciona beneficios físicos (cuerpo), psicológicos (mente) y espirituales (alma), porque esas ruedas giratorias nos unen a los diversos planos de la realidad.

La magia de los chakras reside en su habilidad para transformar la energía de un estado a otro. Todo está hecho de energía, que no es más que información en movimiento. Hay dos tipos de energía: la física (medible) y la sutil (no medible). Los chakras pueden traducir estas energías, volviendo la física en sutil o la sutil en física porque utilizan diferentes frecuencias. La existencia de dichas bandas horizontales se expresa de varias maneras en los chakras, por ejemplo a través del color. Aprenderás más cosas sobre cómo los chakras se describen simbólicamente, en forma de tonos y de otras maneras en el capítulo 3.

Capítulo Dos

Constelaciones de chakras

Dentro y fuera

Una constelación celestial es un grupo de estrellas que forman una figura. Las estrellas de un mismo grupo, aunque compartan similitudes genéticas, brillan de manera distinta y única. Juntas crean formas espectaculares que nos hacen exclamar «¡Ooooh!» y «¡Aaaaah!».

Como las estrellas, los chakras tienen distintas formas energéticas. Todos los chakras comparten la misma estructura básica y operan de forma comparable. Para comprender este punto, es necesario aprender más sobre los chakras –y de paso sobre uno mismo–. Tendrás una idea sobre cómo beneficiarte de las interacciones entre chakras en la segunda parte del libro. Asimismo, el sistema de chakras forma una organización que participa de un todo más grande. De hecho, es sólo un tercio de la tercera parte de la familia llamada «anatómica energética sutil».

En este capítulo vamos a examinar la estructura básica de un chakra genérico. Se te ofrecerá una información impagable sobre cómo trabajan los chakras –y cómo puedes trabajar con ellos– para conseguir objetivos. Después conocerás al resto de la familia de la energía sutil. Los chakras son unos parientes más en el gran sistema, que incluye canales y campos de energía sutil. Estos parientes se encargan de la circulación de la energía para proporcionarnos salud, felicidad y bienestar.

Durante el proceso de conocimiento de esta familia, también aprenderás cosas sobre otros primos energéticos, como granthis, koshas, planos de existencia y la energía vital kundalini, que forman una cadena de reacciones que posibilitan la completa integración de tu cuerpo, mente y alma. Cuando acabes de leer el capítulo, tendrás una imagen clara de tu parte invisible, que mucha gente considera que es la parte «más real» de uno mismo.

¿Qué es lo que hace que un chakra funcione?
Estructura, estructura y más estructura

¿Por qué es tan importante comprender la estructura del chakra? Para responder, volveré a comparar los chakras con los órganos físicos, como ya hicimos en el capítulo precedente.

Si un paciente tiene un problema con su hígado, lo primero que hace el médico es comparar su hígado con otro hígado normal. Con esa comparación, el médico piensa el modo de tratar al hígado enfermo. Los chakras trabajan igual. Si algo parece que está «desconectado» y consigues asociarlo a un chakra, descubrirás que corrigiendo el chakra correspondiente se genera la solución pertinente.

Cada chakra se percibe de forma diferente pero todos comparten una estructura muy semejante. Dicha estructura asegura su capacidad para funcionar como debe. Si un chakra está estructuralmente sano, funcionará a un nivel óptimo. Si no es el caso, el chakra en cuestión –y por tanto tú mismo– se verá en dificultades. En la segunda parte aprenderás a revisar el estado de la estructura de los chakras y a hacerte una idea de cómo reequilibrar cada chakra, si es que necesita una resintonización. En esta sección aprenderás cómo debe estar un chakra en buen estado, para que te puedas asegurar de que tus chakras están siempre correctamente «sintonizados».

Hay cuatro aspectos a tener en cuenta en la estructura de los chakras. Son la ubicación vertical, los lados izquierdo y derecho, delante y detrás, así como dentro y fuera de la rueda. Además, un buen especialista en chakras buscará la naturaleza del giro de los chakras –en el sentido de las agujas del reloj o al revés.

Vamos a echar un vistazo a estos importantes elementos de diseño.

Ubicación vertical

En general, el chakra de abajo del todo está relacionado con el cuerpo, su vibración es la más baja y lenta y sus efectos son los más tangibles. El chakra superior es el que tiene la vibración más alta y rápida, cuyos efectos son netamente espirituales. Eso significa que si quieres que pase algo muy concreto en tu vida, tendrás que interactuar con los chakras inferiores. Por el contrario, si lo que pretendes es un objetivo menos tangible, más etéreo, trabajarás con los chakras superiores.

Puedes trabajar con grupos de chakras más específicamente, separando aquellos que se clasifican como más físicos, más mentales o más espirituales. Aunque cada chakra sirve independientemente a estas tres funciones, cada uno de ellos está especializado en algo preciso. Las subdivisiones son las siguientes:

CHAKRA	SUBDIVISIÓN	EFECTOS
Primero	Físico	Apoya la salud física, las necesidades y el bienestar, interactuando con la realidad material.
Segundo, tercero y cuarto	Mental	Regula las emociones, los pensamientos y las relaciones, estableciendo el bienestar mental.
Quinto, sexto y séptimo	Espiritual	Controla la comunicación y la expresión personal, mandando y recibiendo señales y formando la identidad espiritual.

¿Cómo podremos utilizar esta información cuando usemos las técnicas de la segunda parte? A veces lo más complicado es hacerse a la idea de cómo empezar. Vamos a suponer que lo que necesitas es dinero. Dado que el dinero es una necesidad material, deberás enfocarte en el primer chakra.

¿Batallando con una relación complicada? Uno o todos los chakras mentales serán el mejor punto de partida para empezar. ¿Intentando contactar con la divinidad, con los ángeles o seres de luz, llegar a la sabiduría? Los chakras espirituales serán el punto de partida.

Si realmente no tienes claro por dónde empezar, parte del chakra del corazón, que es el cuarto. Éste es el centro del sistema de chakras, el epicentro, el punto de encuentro de las energías de los chakras inferiores y superiores. Todo lo bueno pasa por el cuarto chakra y todo lo elevado se cumple a través del amor.

Lados izquierdo y derecho

Los chakras tienen un lado izquierdo y un lado derecho, en relación con el propio cuerpo. Eso implica que la parte izquierda de un chakra está a la izquierda de tu propio cuerpo, y su lado derecho está a la derecha de tu cuerpo. Esto es importante de recordar porque cada lado de los chakras –y del cuerpo en general– está regido por el yin (femenino) o el yang (masculino).

En términos generales, lo femenino rige el lado izquierdo del cuerpo y de los chakras. Los adjetivos que describen lo femenino incluyen la receptividad, las emociones, la intuición y la empatía. Por el contrario, lo masculino rige el lado derecho del cuerpo y también de los chakras. Lo masculino es dominante, activo, fuerte y voluntarioso. En cuanto al cerebro, el hemisferio derecho rige la parte izquierda del cuerpo y el hemisferio izquierdo rige el lado derecho. Ambas partes necesitan cooperar para asegurar el equilibrio y la eficacia.

Los chakras nos ayudan a conseguir dicho estado de equilibrio mediante el intercambio de energía de ambos lados. Algunos expertos creen que, realmente, la energía entra por el lado izquierdo del sistema –incluyendo los chakras– y sale por el lado derecho. De ser así, el lado izquierdo de cada chakra sería el receptor de la información del mundo y el lado derecho proyectaría las necesidades y los mensajes al entorno (Innovation Technologies, «Understanding Auras»).

Frecuentemente me valgo de ambos lados, cuando trabajo con un cliente, hasta que veo claro en qué lado del chakra debo centrarme. Por ejemplo, una vez hice varias sesiones con un cliente que se preocupaba por todo continuamente. Había intentado la meditación, los ejercicios de respiración y los suplementos vitamínicos para calmarse, pero nada parecía eliminar su angustia física, mental y espiritual.

Como ya hemos explicado en el capítulo precedente, el tercer chakra se encarga de la mente. Las preocupaciones no son más que pensamientos, así que me concentré en el tercer chakra del cliente. Entonces descubrí que estaba absorbiendo mucha cantidad de información con su lado izquierdo, sin poderla devolver por el lado derecho por lo que se creaba el necesario intercambio de información. Literalmente, le hice colocar la mano en la parte izquierda de su plexo solar durante unos cuantos minutos. ¡Se calmó inmediatamente! Las energías sutiles afectan directamente a lo físico y nuestras acciones físicas, asimismo, pueden alterar los flujos de energía. No podía pedirle que se pegara un trozo de cinta aislante en la parte izquierda de la tripa, pero sí pude ayudarlo a visualizar una especie de filtro en esa zona precisa de su cuerpo. Su angustia se redujo considerablemente.

Delante y detrás

La mayoría de los chakras (todos los del popular sistema de siete) tienen una parte delantera y otra trasera, en relación con el cuerpo. Esto se aplica incluso en el séptimo chakra. Digamos que los lados anterior y posterior del chakra corona se envuelven el uno al otro.

En general, el lado posterior de un chakra recibe información, mientras que el anterior la disemina. El posterior también tiene relación con el subconsciente y con el alma. Eso significa que el lado posterior de un chakra filtra y aporta información basada en vidas pasadas, en la niñez y factores adicionales como los datos cargados por otros chakras.

El lado anterior de un chakra se encarga de nuestro yo cotidiano. Revela nuestra personalidad al mundo y lo instruye para que nos trate como más nos conviene. Está programado por nuestra propia conciencia y afecta a nuestras decisiones. También se ve afectado por la energía que le llega del lado posterior.

Cuando ayudo a un cliente a alterar su vida cotidiana, me centro en la parte anterior. Cuando quiero ayudar a un cliente a conseguir un cambio sustancial, sobre todo cuando se trata de un problema crónico, trabajo con la parte posterior de los chakras. Para poner un ejemplo, hablaré de una clienta que estaba siempre endeudada. Ella creía firmemente en las energías sutiles y había trabajado con diferentes terapeutas. Todos ellos se habían centrado en el primer chakra. Seleccionaron este chakra con toda lógica dado que es el que asegura las necesidades básicas de seguridad, incluido el dinero. Yo también trabajé sobre ese chakra, pero le pedía que me explicara cómo sentía la parte posterior del mismo. Me dijo que lo sentía «bloqueado», «atascado». Conforme íbamos hablando, ella recordó una anécdota familiar que se resumía en una frase que solía repetirse durante las cenas familiares. Sus padres decían que «sólo la gente mala se hace rica».

Le pregunté si estaba dispuesta a cambiar esa creencia. Y ella quería hacerlo. Con su permiso, puse mi mano cerca de su parte baja de la espalda y le pedí al Universo que mandara la curación para la parte posterior de su primer chakra. Lo primero que pasó fue que la clienta saltó de la silla como un gato, porque la entrada de energía fue extremadamente fuerte. Un año más tarde volvió a visitarme y me contó que no sólo ya no tenía deudas sino que había conseguido empezar a ahorrar dinero. Dado que, en su caso, la resistencia al flujo económico era un problema heredado, no pudo solucionarse hasta que no se trabajó la parte posterior del chakra concernido.

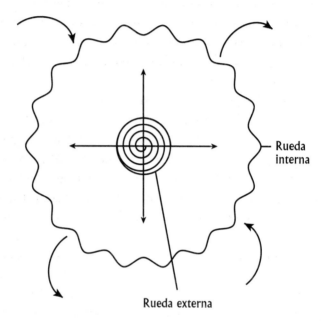

Figura 4: *Las dos ruedas de un chakra.*

Ruedas interna y externa

En mis más de veinticinco años interactuando con los chakras, he determinado que cada uno de ellos se compone de dos ruedas. Éstas funcionan como centros de operaciones que separan los componentes externos e internos del chakra. La figura 4 muestra un modelo simple de estas dos ruedas.

Ambas almacenan información. También podríamos decir que almacenan memorias. Dichas memorias se vuelven programas, como el software de un ordenador. Los programas crean un sistema de filtros que deciden qué tipo de datos puede entrar en un chakra concreto y cuál no. Las memorias ayudan a interpretar y diseminar datos. Cada parte del chakra interactúa con la información que encaja con su banda vibratoria, decidiendo cómo entender la información que se basa en los programas.

La diferencia entre los núcleos de las ruedas es enorme, tan notable que me asombra personalmente. La rueda externa contiene las memorias del alma, las vidas pasadas, el material epigenético, los genes, el sistema familiar, la niñez y las experiencias vitales. La rueda externa utiliza dichas memorias para crear programas que funcionen solos y aseguren nuestra supervivencia. La adaptación es la clave de toda supervivencia.

A primera vista esto suena muy grandilocuente pero, al fin y al cabo, la vida es cuestión de supervivencia. ¡Y nunca se sabe hasta dónde somos capaces de llegar por conseguirlo! Pero antes de seguir adelante, déjame introducirte en el tema de la rueda externa.

Tu alma es la única parte de ti que puede viajar de vida en vida, acumulando experiencias. La experiencia se transforma en sabiduría. Dichas experiencias son la base de tu karma o tus lecciones de vida, que has ido aprendiendo y que debes seguir aprendiendo en el futuro. Esto significa que, cuando tu alma programa la rueda externa de cada chakra, normalmente antes de la concepción, deposita la sabiduría de las vidas pasadas, así como las heridas recibidas. Lamentablemente, como esta información está en la rueda externa, tiende a diseminarla recreando los acontecimientos ya vividos, haciendo daño a los demás o recibiendo nuevas heridas.

No recreamos nuestras vidas pasadas para hacer daño a nadie, evidentemente, ni para mortificarnos a nosotros mismos. El pensamiento kármico funciona del siguiente modo: «Si recreo las mismas experiencias negativas y me acerco a personas tóxicas que me hirieron en el pasado –o las situaciones en las que hice daño a los demás–, tendré la oportunidad de actuar diferentemente».

El problema está en que es muy difícil hacer las cosas de un modo diferente a como nos nace de dentro. Eso significa que nuestra rueda externa tiende a recibir o diseminar más y más incomodidad conforme pasa la vida.

Tu material epigenético es una sopa química, también llamado ADN no codificado, que rodea tus genes. Ese material lleva la memoria de tus ancestros, incluyendo recuerdos de enfermedades, traumas y emociones. Esta programación está realmente inscrita en virus muertos y otros microbios. Dicho material es capaz de encender o apagar ciertos genes, recordemos que los genes llevan el material codificado que informa a tu cuerpo de cómo debe comportarse. Todo un abanico de enfermedades, comportamientos y la misma salud mental se relaciona directamente con la actividad epigenética, incluyendo disfunciones cognitivas, enfermedades autoinmunes, cánceres y muchas cosas más (Weinhold, *Epigenetics*).

Lo que todo esto tiene que ver con la rueda externa es que estamos, continua e inadvertidamente, respondiendo a estas memorias antiguas, muchas de las cuales ni siquiera tienen nada que ver contigo ni con tu vida. Muchas de estas informaciones no son aplicables a la vida cotidiana pero, cuando se «activan», te afectan de algún modo.

Por ejemplo, una vez trabajé con una clienta que tenía un montón de alergias alimentarias serias. Parecía alérgica a prácticamente todo, desde productos de origen animal hasta el perfume de las flores. Después de buscar en su material epigenético, me pregunté si realmente estaba reaccionando a alergias residentes en un árbol genealógico más que a reacciones personales de su propio cuerpo. En el curso de varias sesiones, usamos un par de técnicas que se reproducen en el capítulo 6, para limpiar y equilibrar las ruedas externas de cada chakra. Cada vez que trabajábamos, sus alergias iban disminuyendo tanto en número como en severidad. Al final de nuestras sesiones, sólo tenía unas pocas alergias.

Los otros componentes de la rueda externa de los chakras son tu sistema familiar, tu infancia y las últimas experiencias de tu vida. Todo lo que te pase —bueno o malo— puede crear, potencialmente, una marca en tu rueda externa. La programación positiva te ayudará a responder positivamente a futuros eventos, a los negativos no tanto.

La rueda externa de los chakras no es mala. Todos tenemos que adaptarnos y luchar para sobrevivir. Las percepciones y las lecciones aprendidas por nuestros antepasados forman una especie de carrera de obstáculos que nos obligan a enfrentarnos a muchas oportunidades y desastres en nuestra vida. Pero la realidad es que muchas de esas programaciones se traducen en miedo —o lo peor: vergüenza—, provocando la misma respuesta en nosotros que si fueran problemas vividos realmente en nuestra vida.

La rueda interna de un chakra difiere mucho de la rueda externa porque es la que se queda con las verdades espirituales, los principios y los programas. Tu espíritu es tu yo esencial. También llamado «Yo Superior», este aspecto de la persona está conectada con lo divino. Es tu aspecto dhármico, cuyo objetivo es la integración espiritual, mientras que el alma es kármica. En general, las decisiones dhármicas son más fáciles que las kármicas.

Dada la distinción entre las ruedas de los chakras, me gusta trabajar con las internas cuando ayudo a los clientes a entender su naturaleza superior y el camino que sigue su existencia. Por ejemplo, una vez trabajé con un hombre de negocios de gran éxito, que estaba deprimido. Había conseguido todos sus objetivos financieros y profesionales, pero en su vida había un vacío, no le encontraba sentido a su existencia. Lo guie a través de la rueda interna de su séptimo chakra, que se relaciona con la vida espiritual, y recordó que cuando era niño adoraba a los animales. Tras unas cuantas sesiones se hizo voluntario en un refugio de animales abandonados, sin ánimo de lucro, y se sintió renacer al dar un auténtico sentido a su vida.

Practico la sanación a través de la rueda externa cuando quiero ayudar a los clientes a entender por qué se presentan situaciones que resultan un auténtico reto. Una vez trabajé con una mujer de mediana edad que solía tener un promedio de un accidente de tráfico al año, desde que era adulta. Ninguno de ellos hizo peligrar su vida pero no ganaba para chapa y pintura. El problema era tan persistente que estaba empezando a tenerle miedo al coche.

La hice tumbarse en una camilla y utilicé un péndulo para averiguar qué chakra atraía esa energía «accidentada» hacia ella (aprenderás a usar el péndulo en el capítulo 4). Antes de explicar lo que pasó, quiero contar una cosa. No soy de las que creen que nosotros mismos nos causamos las enfermedades y los problemas que nos encontramos en la vida. Tampoco somos responsables de lo que los demás hagan o dejen de hacer. Sin embargo, es cierto que nuestros chakras pueden verse afectados por las energías que nos rodean y atraer cierto tipo de situaciones. La buena noticia es que podemos ser capaces de alterar lo que pasa en nuestra vida mediante las energías sutiles.

El péndulo señaló que el chakra afectado era el cuarto, el del corazón. Recuerda que en el anterior capítulo hemos visto que el cuarto chakra se encarga de las relaciones. Sabiendo esto, le pregunté a mi clienta si había tenido algún problema relacional por culpa de un accidente de coche. Entonces, se puso pálida y me explicó que su padre biológico había muerto en un accidente de coche cuando ella tenía tan sólo un año. La crio su padrastro, a quien quería con toda su alma. A pesar del profundo amor que la unía a su padrastro, nunca había asumido la muerte de su padre. Necesitamos varias sesiones para concentrarnos en lo que había perdido y en lo que había ganado con la muerte de su padre. De eso han pasado ya cinco años y aún no ha tenido un accidente de coche, salvo una raspadita en la pintura, en el aparcamiento del súper.

Si me siento perdida y no sé si trabajar con la rueda externa o la interna de un chakra, simplemente, llevo la energía de la interna hacia la externa. Es algo así como pedirle a la parte divina que sane la parte humana. Esta simple petición, que puede solicitarse a través de la intención, la concentración, la oración o la meditación, nos ayudará a percibir la belleza que encierran las lecciones de la vida y hasta qué punto está nuestra alma involucrada en todo.

El spin del chakra

Como comentamos en el primer capítulo, un chakra puede girar en el sentido de las agujas del reloj o al contrario.

Cuando evaluamos el giro de un chakra, en realidad, estamos examinando la rueda externa. La rueda interna es simultáneamente dinámica, vibrando con amor espiritual. En ocasiones, la rueda externa de un chakra puede parecer quieta pero es una apariencia. Todo está en permanente movimiento, y las ruedas también.

Por lo general, la dirección del giro la capta el ojo del observador. Eso significa que dependiendo si se mira un chakra por delante o por detrás, la veremos moverse hacia la derecha o hacia la izquierda. Algunos terapeutas prefieren interpretar el spin de un chakra según los ojos del sujeto. Aprenderás a seleccionar tus preferencias en el capítulo 4.

En general, no hay una forma correcta o incorrecta de girar. Cuando el chakra gira en el sentido de las agujas del reloj (hacia la derecha), normalmente está atrayendo energía. Cuando se mueve en sentido contrario (hacia la izquierda) está lanzando energía. Un chakra puede cambiar su spin varias veces al día –incluso en una misma hora– según la energía que esté procesando. En el capítulo 5 aprenderás más sobre la verdadera naturaleza de la dirección del giro.

En el capítulo 3 verás que cada chakra está asociado a un número único de pétalos de loto. Una de las razones para que el spin de un chakra cambie es una energía externa que entra y sale del mismo. Como cada chakra opera en su propia frecuencia, todos presentan una vibración distinta, y sus vórtices girarán de forma única. El patrón en forma de loto hace que parezca que los vórtices están quietos.

La otra característica relativa al spin de los chakras es que aparezcan «abiertos» o «cerrados». La pregunta más común cuando se trabaja con chakras es saber si están abiertos o cerrados. Muchos aprendices, entre los cuales me encontré en su día, han sido entrenados para pensar que un chakra abierto está perfectamente capacitado para recibir y mandar energía. Pero si un chakra está «demasiado abierto» se verá inundado de energías externas y el sujeto se sentirá sobrepasado e incapacitado para alguna cosa. Por otra parte, un chakra «cerrado» puede verse tan protegido que sea incapaz de cumplir con sus funciones.

Me parece que hablar de abrir y cerrar chakras no es lo apropiado. Para empezar, un chakra no puede cerrarse del todo. Como siempre está en movimiento, continuamente está girando y, por lo tanto, siempre es capaz de compartir energía. Un chakra puede contraerse o expandirse, como suele hacer con normalidad.

Visto de frente/arriba, el vórtice de la rueda externa de un chakra contraído parecerá tenso, denso y contenido. El giro de una rueda contraída no es inherentemente mejor ni peor que el de una expandida, lo que importa es la funcionalidad del chakra.

Pensemos en ello. Si estás de pie escuchando la perorata de un tipo borracho y sucio, seguramente las ruedas externas de tus chakras se cerrarán para protegerte de las malas vibraciones de ese individuo. Las ruedas internas podrían cerrarse también aunque, igualmente, podrían abrirse para absorber el apoyo espiritual que te ayude a soportar la charlatanería del borracho. Si estuvieras ocupado en tareas de jardinería, tus chakras externos e internos se expandirían al mismo tiempo para aprovechar la energía nutricia de la naturaleza.

Los chakras pueden responder erróneamente a algunos estímulos. Pueden abrirse cuando deberían cerrarse o bien cerrarse cuando deberían expandirse. Si se cierran cuando no deben, te cerrarás en banda y serás incapaz de ayudar a nadie. Si se abren cuando no deben, te sentirás sobrecargado y absorberás energías negativas. Las respuestas adecuadas sólo aparecen cuando la programación es saludable y correcta. Si la programación de los chakras es la adecuada, te sentirás vigoroso y repleto de energía sutil positiva. Tenemos filtros que deciden qué tipo de energía debe entrar o salir de un chakra. Los filtros más importantes son los campos áuricos, que se describirán al final del capítulo, que se vinculan con los chakras. En el capítulo 9 hay un buen ejercicio para ayudarnos a establecer límites sutiles seguros.

La familia de los chakras

Tan importante como entender la estructura interna de los chakras, es considerarlos en el contexto de otras estructuras energéticas. En esta sección conocerás otras dos estructuras de energía sutil, así como algunas otras adicionales, todas las cuales interactúan con los chakras para beneficiarte. Nos referiremos a ellas en ejercicios específicos en la segunda parte de la obra.

En total, hay tres estructuras principales de energía que componen la anatomía sutil. Son los órganos sutiles, los canales y los campos energéticos. Vamos a examinar estas categorías una por una.

Los órganos sutiles
Chakras y demás

Los chakras forman el principal grupo de órganos sutiles. Sin embargo no son los únicos «en la ciudad». Realmente hay varios cuerpos sutiles adicionales que se etiquetan de diferente manera según el sistema que los estudia. Muchos de esos cuerpos energéticos constituyen diferentes planos de la realidad y se observan cerca pero fuera del cuerpo físico. Estos campos energéticos pueden tener sus propios chakras pero la mayoría de expertos, y yo misma, creemos que son nuestros propios chakras los que penetran en dichas capas externas al cuerpo. Comparto esta información por si algún lector quiere experimentar en estos cuerpos superpuestos al físico, utilizando las técnicas de la segunda parte del libro. Se puede hacer, simplemente, sustituyendo uno de esos cuerpos sutiles por un chakra, durante un ejercicio.

Vamos a ver unos cuantos de esos cuerpos o capas sutiles:

* EL CUERPO ETÉRICO: A veces llamado cuerpo vital, esta capa está justo por encima del cuerpo físico e interactúa con las energías sutiles que están dentro del cuerpo físico. Realmente, programa el cuerpo físico y ofrece patrones de sanación para el mismo.

* EL CUERPO EMOCIONAL: También llamado cuerpo astral o plano astral, es la capa de realidad que se encarga de nuestros deseos, de la imaginación y de las sensaciones psíquicas.

* EL CUERPO MENTAL: Llamado igualmente cuerpo intelectual, se encarga del pensamiento brillante, la inteligencia aguda y el buen juicio.

* EL CUERPO CAUSAL: Ocasionalmente denominado cuerpo anímico, este cuerpo es el que forma nuestra auténtica personalidad y nos sigue más allá de la muerte. Se considera el vehículo hacia la inmortalidad y almacena todo lo que hemos aprendido.

* EL CUERPO BÚDICO: Conocido, asimismo, como cuerpo intuitivo, es una unidad que transciende la mente, ayudándonos a distinguir entre lo real y lo irreal.

Los canales sutiles
Nadis, meridianos y sus compañeros energéticos

Los canales sutiles mayores, según la historia hindú de la realidad, son los nadis. Dependiendo de la fuente, tenemos entre 72.000 y 340.000 nadis. Afortunadamente, la mayoría de sistemas presentan cuarenta nadis vitales y tres principales. Esos tres son los que se representan en la figura 5:

* SUSHUMNA: Asciende por la espina dorsal y va pasando por el centro de los chakras.

* IDA: Asociado con la parte izquierda del cuerpo, este nadi femenino cruza el Pingala y se inserta en los chakras.

* PINGALA: Asociado con la parte derecha del cuerpo, este nadi masculino atraviesa el Ida y se superpone a los chakras.

Durante toda nuestra vida, los chakras y los nadis distribuyen energía, una energía vital natural, por el cuerpo. Enroscada en la base de la columna, esperando el momento oportuno para actuar, es como una especie de serpiente energética llamada kundalini. Kundalini es una luz divina de naturaleza femenina, hecha de materia y energía. También se llama Shakti, que es el nombre de la diosa que forma paredra con el dios Shiva. Por su parte, Shiva permanece latente en el séptimo chakra, representando el alma y el conocimiento.

Cuando se activa, Shakti o la serpiente roja kundalini se despierta, se estira y empieza a subir por los nadis y los chakras. Como pasa con la diosa Shakti, su objetivo es encontrarse con su amado Shiva —en el séptimo chakra— para reunirse con él y formar una unidad perfecta. Desde el punto de vista del iniciado en kundalini, Shakti y Shiva son metáforas de nuestra propia naturaleza vital dividida.

Somos materiales, humanos y poderosos (Shakti). Pero también somos inmateriales, divinos y conscientes (Shiva). Lo que se busca es la iluminación, un estado de beatitud. A un nivel energético, este proceso es tan físico que incluye la estimulación de sustancias electroquímicas que activan el sistema nervioso, el cual puede desencadenar efectos brutales, como dolor, emociones, enfermedad, aumento de la sexualidad, confusión de la identidad, así como cambios de la personalidad, momentos meditabundos e incremento del amor universal.

A un nivel energético, el «despertar de la kundalini» está causado por la estimulación de la kundalini en los chakras. Al estimular los chakras, la kundalini provoca sentimientos reprimidos, malestar físico, confusión mental, desórdenes y preguntas de tipo espiritual. Todo ello debe ser tratado antes de que el despertar de la kundalini se haya completado.

Los nadis son una de las razones por las que los chakras giran. Lo hacen porque interactúan constantemente con las energías corporales y ambientales, y también cuando el prana fluye por los nadis, estimulando el movimiento de los chakras. Cuando la kundalini está más activa, los chakras pueden moverse violentamente, produciendo disturbios en la vida cotidiana.

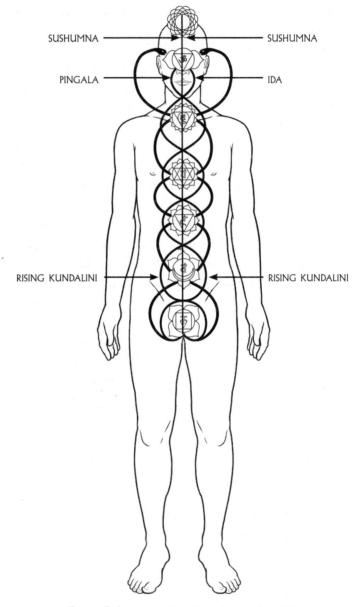

SUSHUMNA

SUSHUMNA

PINGALA

IDA

RISING KUNDALINI

RISING KUNDALINI

Figura 5: *Los tres nadis principales y la kundalini.*

Hay tres bloqueos especiales que la kundalini debe atravesar en su viaje hacia el chakra de la corona. Son los granthi (cerrojos) que deben ser abiertos por la kundalini. El primer granthi está en la base de la espina dorsal, es el granthi Brahma, llamado así por el dios de la creación. Debemos trabajar con los deseos relacionados con los sentidos para controlar este granthi. El segundo está unido al cuarto chakra y se llama Vishnu en honor al dios de la preservación. El iniciado debe centrarse en pensar en los demás antes que en sí mismos para poder atravesar este granthi o cerrojo. En tercer lugar está el granthi Rudra, ubicado en el sexto chakra y que lleva el nombre del dios de la destrucción. La kundalini puede despejar este camino una vez que la persona ha alcanzado las verdades superiores.

Desde una perspectiva hindú, la iluminación nos conduce hacia cinco velos específicos, llamados koshas, que nos separan de nuestro estado divino. Tenemos que atravesar esas fundas para desembocar en lo divino. Dichas capas entretejidas nos proporcionan lecciones, oportunidades para ganar sabiduría a partir de nuestras experiencias vitales. Las cinco capas o velos son las siguientes:

* ANNAMAYA KOSHA: Es el cuerpo físico. Lo físico nos enseña a respetar nuestro cuerpo y el de los demás, así como sus pertenencias.

* PRANAMAYA KOSHA: Es el aliento o la fuerza vital del cuerpo. Esta capa invisible se activa concertando nuestra respiración con el cuerpo físico.

* MANOMAYA KOSHA: Es el cuerpo mental. Esta capa nos exige responsabilidad mental controlando los pensa-

mientos negativos y los nervios antes de pasar a la acción.

* VIJANAMAYA KOSHA: Es el cuerpo sabio. Este cuerpo sutil revela nuestra conciencia iluminada por la Verdad.

* ANANDAMAYA KOSHA: Es el cuerpo del éxtasis. Esta capa se activa cuando nos permitimos experimentar la belleza y la verdad en cada momento.

En la segunda parte te presentamos un ejercicio para trabajar en los koshas. No incluyo específicamente un ejercicio de kundalini porque esta energía es demasiado potente para algunas personas y en determinadas situaciones. Pero ten en cuenta que cualquier trabajo con los chakras que hagas remueve la energía kundalini, ayuda a abrir los granthis y permite una generación segura de la kundalini.

Por el momento vamos a concentrarnos en los canales sutiles, las energías y todo lo relacionado con ellas desde la perspectiva hindú. La medicina tradicional china (MTC) usa el nombre de *meridianos* en lugar de *nadis* para llamar a los canales energéticos. La MTC llama *chi* a la energía, mientras que en la India se usa el término *prana*.

Los cuerpos energéticos mejor conocidos en la MTC son los puntos de acupuntura. Se localizan a lo largo de los meridianos y sirven como puertas por las que la gente puede interactuar con los meridianos o nadis. Este proceso se da cuando se practican masajes, acupresión o acupuntura. Algunos profesionales creen que los meridianos o nadis son canales energéticos, pero otros creen que no lo son. Sea como sea, la percepción de que el cuerpo físico está compuesto por órganos sutiles y canales de energía es compartida en todo el mundo.

Los campos de energías sutiles

La tercera parte de la anatomía sutil son los campos energéticos. El cuerpo emana realmente un campo de energía. El más conocido de todos es el campo áurico humano. Puedes verlo representado en la figura 6.

El campo áurico es en realidad una emanación de los chakras. Cada chakra genera un campo que sirve como filtro energético y frontera protectora para su chakra, así como para el cuerpo entero: cuerpo, mente y alma.

El programa de un chakra es su campo basado en información de las ruedas interna y externa y el campo áurico, después, «decide» qué energías pueden entrar y ser absorbidas o rechazadas. El campo áurico manda mensajes en forma de energía al mundo exterior.

Los campos áuricos envuelven el cuerpo secuencialmente. Por ejemplo, el primer chakra corresponde al primer campo áurico y se ubica dentro y justo por encima de la piel, formando así un campo áurico, el primero. Así con todos. Cuando se trabaja con los chakras, hay gente que empieza operando sobre los campos áuricos para poder acceder más libremente a los chakras. Te enseñaremos ejercicios en la segunda parte, entre los cuales se trabaja los campos áuricos.

Los chakras están verdaderamente conformados de una forma muy hermosa, cada cual es un órgano estructurado con gracia y complejidad. Son parte integrante de una familia más grande. Como pasa con las estrellas, cada una de ellas brilla independientemente pero también forman parte de una constelación que emana un gran poder. En el próximo capítulo conoceremos cada uno de estos sorprendentes chakras, como elementos independientes.

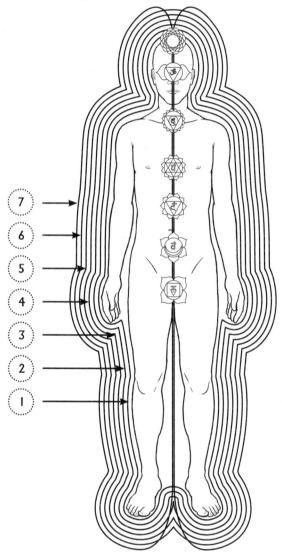

Figura 6: *Los siete campos áuricos.*

RESUMEN

Los chakras son unidades individuales que comparten la misma estructura. Cada una de ellas opera con su propia frecuencia y genera vórtices frontales y posteriores, los cuales pueden girar en el sentido de las agujas del reloj o al contrario. Los chakras frontales controlan tu realidad diaria y los posteriores tienen acceso a la historia, al subconsciente y a otras fuentes de información antiguas y místicas.

El lado izquierdo de cada chakra regula los aspectos femeninos; el lado derecho, los asuntos masculinos. Además, cada chakra tiene una rueda externa que se usa para la adaptación y supervivencia, así como una rueda interna que tiende a la dimensión espiritual.

Sin embargo, los chakras no operan en soledad, sino que forman parte de las tres estructuras principales de la anatomía energética sutil. Ésta incluye los canales sutiles y los campos. Hay más estructuras anatómicas con funciones de apoyo. La kundalini es uno de los nombres que se dan a la energía especial, capaz de activar el sistema entero y fuerza a su altísimo nivel de funcionamiento. En resumidas cuentas, este sistema forma una compleja red de energía tan poderosa como el cuerpo humano físico, con el cual interactúa.

Capítulo Tres

Los siete CHAKRAS tradicionales hindúes

Los siete chakras del cuerpo, tradicionales en el sistema ortodoxo hindú, son la base de nuestro conocimiento sobre los mismos. A través de estos chakras podemos arraigar en nuestras vidas y convertirnos en aquello para lo que estamos predestinados.

Este capítulo desvela esos siete chakras. Nuestro conocimiento de ellos es secular, con percepciones que van desde verlos como ruedas de carro rodando en el polvo hasta complejos focos de luz, sonido, energía y conciencia. En este capítulo se expondrán puntos de vista arcaicos y contemporáneos. He seleccionado los componentes más accesibles para los ejercicios de la segunda parte.

Para un análisis más profundo, recomiendo *Llewellyn's Complete Book of Chakras*, que es la fuente de buena parte del material que aquí aparece (Dale, 2016, 75-183). Poco importa cómo lo mires, cada aspecto de los chakras brilla con una luz que te envuelve por completo.

Perspectivas sobre los chakras

¿De cuántas maneras podemos examinar y explicar un chakra? Este capítulo arroja luz sobre diversas perspectivas antiguas y modernas. Éstas son las siguientes:

* NOMBRE SÁNSCRITO: Cada chakra hindú tiene un nombre en sánscrito, con un significado preciso.

* UBICACIÓN: Las descripciones incluyen un área general del cuerpo, asociado a un nervio plexo y a estructuras físicas importantes y cercanas.

* PROPÓSITO: Resumen de las funciones de cada chakra.

* COLOR: El color se refiere a la banda vibratoria en la que opera cada chakra.

* GLÁNDULA ASOCIADA: Todos los chakras se relacionan con una glándula endocrina y una hormona. Las funciones de cada glándula también se describen brevemente.

* PARTES DEL CUERPO QUE CONTROLA: Ejemplos de estructuras, funciones y órganos relacionados con cada chakra.

* DOLENCIAS ASOCIADAS: Cada chakra tiene sus dolencias y problemas asociados. Aquí nombraremos unos cuantos.

* ACTIVACIÓN DEL CHAKRA: Muchos expertos creen que un chakra se despierta o se abre totalmente en diferentes momentos. Esta información puede ayudarnos a ponernos en el camino correcto para comprender los problemas

físicos, mentales o espirituales de un chakra y hacernos una idea de a qué edad puede ocurrir el cambio, teniendo en cuenta las creencias hindúes y mi propio punto de vista, que se basa tanto en mi experiencia como en mis investigaciones.

* FUNCIONES PSICOLÓGICAS: Son las funciones mentales y emocionales de cada chakra. Un breve recordatorio de la contribución psicológica de cada chakra y de sus patrones negativos, así como una pequeña explicación sobre lo que podemos experimentar cuando el chakra se equilibra.

* ARQUETIPOS: Símbolos que resumen los aspectos positivos y negativos de los chakras. Estos arquetipos se incluyen en los ejercicios de la segunda parte.

* DIOS DOMINANTE: La tradición clásica y tántrica asigna un dios a cada chakra. Éste puede ser invocado durante las interacciones con su chakra correspondiente.

* DIOSA DOMINANTE: Como pasa con los dioses, cada chakra también tiene asignada una diosa.

* PLANETA DOMINANTE: Cada planeta tiene una influencia especial en un chakra más que en otros. Este capítulo relaciona los planetas con los diversos chakras, según las asociaciones más populares. Cada cual puede usar esta información para sus proyectos astrológicos.

* GRANTHI: Estos nudos energéticos, asociados a tres chakras, deben ser deshechos para permitir el ascenso de la kundalini a través de los chakras.

* COMPONENTES: Muchos chakras se relacionan con un elemento. Éstos son los ingredientes que componen la realidad. Hay cinco elementos físicos llamados *buthas*, que son la tierra (*pritvi*), agua (*jal*), fuego (*agni*), aire (*vayu*), y éter (*akasha*). Dichos elementos también se describen según los siguientes puntos:

  Elemento grosero: Elemento físico relacionado con un chakra, si hay alguno.

  Color del elemento grosero: Cada elemento es descrito por un color. Frecuentemente es un color distinto al color del chakra, pero se mezcla y apoya la vibración mayor. Puedes centrarte en el color elemental si quieres reforzar el chakra.

  Sonido del elemento: Llamado la semilla del sonido o *bija* mantra, este sonido, generado por el elemento dentro del chakra, puede usarse para limpiar, equilibrar, curar y manifestarse a través de un chakra.

  Portador: Es un animal que porta la semilla del sonido. Simboliza la cualidad del chakra. Siempre puedes visualizar un portador de sonido cuando proyectes un trabajo con un chakra para reforzarlo.

  Pétalos: Los chakras se representan como pétalos o *padmas*, con un número específico de pétalos, cada uno de ellos. Los pétalos, realmente, reflejan los nadis asociados con cada chakra. El movimiento de energías en los nadis es parte de la fórmula que crea el spin de los vórtices del chakra. (Los pétalos están frecuentemente asociados a sonidos adicionales, letras, deidades, sentidos y más cosas que no se tratarán en este libro).

* Símbolos/yantra: Los chakras pueden explicarse por diversos símbolos. El más tradicional es el *yantra*, una colección de símbolos dentro de un dibujo geométrico. Puedes utilizar el yantra cuando te centres en un chakra durante la meditación. En este libro comparto la información fundamental de la representación del yantra.

* Habilidades espirituales: Esta sección señala unas cuantas cualidades espirituales asociadas a cada chakra, contempladas con ojos contemporáneos.

* Campo áurico relacionado: Cada chakra está asociado a —o genera— un campo áurico. Puedes trabajar con él para reforzar un chakra, dado que refleja el estado mismo del chakra.

Muladhara
El primer chakra hindú

Al muladhara suele llamársele chakra base o chakra raíz. Esta pequeña maravilla hunde sus raíces en nuestra herencia para servir de cimientos a nuestra identidad personal.

Este chakra claramente interactivo es el nido de la kundalini dormida, que permanece enroscada hasta que se la activa. También es el origen de Ida, Pingala y Sushumma, los tres nadis que llevan el *prana* (energía vital) y también a la kundalini cuando se despierta. En general, el muladhara es nuestro centro principal, responsable de nuestra seguridad, nuestra salud y la materia prima que necesitamos. También se considera el punto de entrada del karma de nuestra alma, todo lo que vamos arrastrando de vida en vida. Gracias a este chakra podemos dirigir nuestra energía hacia nuestra carrera profesional, para ganar dinero, para relacionarnos sexualmente y para expresarnos físicamente en este mundo.

* NOMBRE SÁNSCRITO: Muladhara, que se compone de *mul* ('base') y *adhara* ('apoyo'). Básicamente, es un chakra que nos permite mantenernos a flote en nuestra vida cotidiana.

* UBICACIÓN: Anclado en la base de la espina dorsal, este chakra se asocia con el nervio plexo sacrocoxígeo y se suele describir ocupando las caderas y la zona de la ingle.

* PROPÓSITO: Lo físico y la supervivencia.

* COLOR: Rojo.

* GLÁNDULA ASOCIADA: Suprarrenales, controlan nuestra respuesta al estrés.

* PARTES DEL CUERPO QUE CONTROLA: Regula las caderas, los huesos, los músculos, las articulaciones, el coxis, las vértebras coxígeas, la vejiga, el ano, el recto, el intestino grueso y, en general, las extremidades inferiores y el sistema excretor. Junto con otros chakras, también controla la próstata, los riñones y los genitales.

* DOLENCIAS ASOCIADAS: Si pensamos en las caderas, la musculatura y las extremidades inferiores, nos podremos hacer una idea de los procesos negativos que pueden aparecer, incluyendo hemorroides, estreñimiento, ciática, fibromialgia, fatiga crónica, trastornos alimenticios.

También afecta a las piernas (venas varicosas y problemas con pies y rodillas), artritis, problemas de piel, desórdenes óseos, intestinales, lumbares, etc. Todos los retos vitales implican al primer chakra, desde las adicciones a las enfermedades terminales.

* ACTIVACIÓN DEL CHAKRA: Según el sistema hindú, la activación ocurre entre el primer y el séptimo año de vida. En mi sistema propio, este chakra se puede activar en el útero o en los seis meses siguientes.

* FUNCIONES PSICOLÓGICAS: La seguridad es el primer objetivo de este chakra. Nuestra propia habilidad para sentirnos seguros reside en tener claro que nos merecemos existir. Cuando nuestras necesidades como niños pequeños no se ven satisfechas –miedo, enfado, aburrimiento, alegría, disgusto–, se pueden transformar rápidamente en sentimientos de abandono, terror, desamparo, vergüenza, culpabilidad e insatisfacción. Por el contrario, si se nos atiende perfectamente en la infancia, nuestras emociones fundamentales contendrán satisfacción, alegría y conciencia de uno mismo.

* ARQUETIPOS: El arquetipo positivo es la madre, la energía maternal del amor, la nutrición y la compasión. El arquetipo negativo es la víctima, la autocompasión que sumerge a los demás en una red de manipulación.

* DIOS DOMINANTE: Brahma, el creador del mundo.

* DIOSA DOMINANTE: Dakini, la Shakti (paredra femenina) de Brahma. Es la guardiana de las puertas de la realidad.

* Planeta dominante: Saturno, que nos enseña los límites del mundo real.

* Granthi: Aquí reside el Brahma granthi o nudo de Brahma, la cual quiere saber si nos damos cuenta de la ilusión que es la vida y que la Tierra es una especie de prisión, permitiéndonos empezar la transformación de este mundo en un cielo.

* Componentes: Éstos son los principales:
  Elemento grosero: Tierra, elemento más básico de todos; se puede detectar a través de los cinco sentidos físicos.
  Color del elemento: Amarillo.
  Sonido del elemento: Lam
  Portador: El elefante (*airvata*), que representa la abundancia y la sabiduría.
  Pétalos: Loto de cuatro pétalos. Son rojos y llevan letras doradas.

* Símbolos/yantra: El yantra (símbolo representativo) es un cuadrado amarillo rodeado por cuatro pétalos rojos y ocho lanzas que apuntan en ocho direcciones. Dentro del cuadrado hay un triángulo invertido que encierra la *bija* o semilla símbolo.

* Habilidades espirituales: Las capacidades intuitivas incluyen: empatía física (que consiste en poder sentir las sensaciones corporales de otros o sus necesidades físicas), psicometría (conocimiento a través del tacto), telekinesia (mover objetos con la mente), levitación (flotar en el aire), piroquinesis (prender fuego con la mente), radies-

tesia (encontrar objetos o agua en el suelo), claritangencia (tocar lo que no está presente), así como la capacidad para oler aromas no presentes, etc.

* CAMPO ÁURICO ASOCIADO: El primer campo áurico está justo por debajo y por encima de la piel.

Svadhisthana
El segundo chakra hindú

Si el Muladhara es nuestro sistema raíz, Svadhisthana –también llamado chakra sacro– es la planta floreciente en la que nos convertimos. ¿Y cuáles son los frutos del amor sino los sentimientos y la creatividad?

A través de este chakra percibimos nuestros sentimientos y obtenemos el conocimiento de los sentimientos ajenos usando el elemento agua para fluir en las relaciones y nutrir nuestra creatividad. Gracias a este chakra podemos disfrutar de nuestra sensualidad, llenar nuestro mundo de significados y de experiencias.

* NOMBRE SÁNSCRITO: Svadhisthana se compone de dos términos, que son *sva* 'propio' y *adhisthana* 'sede, residencia'. La suma de ambos significa algo así como 'la morada propia'.

* UBICACIÓN: Anclado en el abdomen, este chakra se encuentra específicamente en el borde superior del sacro, en el hueso triangular de la columna vertebral, entre los huesos de la cadera o crestas ilíacas. Los nervios plexos asociados son el sacro, el hipogástrico o el prostático.

* **PROPÓSITO:** Emociones y creatividad.

* **COLOR:** Naranja.

* **GLÁNDULA ASOCIADA:** La glándula asociada a este chakra son las gónadas, más específicamente los testículos, en el caso de los hombres, que producen testosterona y esperma, y los ovarios en las mujeres, que almacenan óvulos y producen estrógenos y progesterona.

* **PARTES DEL CUERPO QUE CONTROLA:** Este chakra gobierna los órganos sexuales, tales como el útero, la vagina, el cérvix, el pene y los testículos; la pelvis y las vértebras lumbares, el apéndice y el intestino delgado; partes de la próstata, los riñones y los órganos digestivos.

* **DOLENCIAS ASOCIADAS:** Las principales tienen que ver con la reproducción y con la orina; también con la menstruación, la parte baja de la espalda, las disfunciones sexuales y todo tipo de inflamaciones intestinales (todo lo que acabe en «itis»), como la diverticulitis.

* **ACTIVACIÓN DEL CHAKRA:** Según el sistema hindú, este chakra se despierta entre los siete y los catorce años. A mi entender, lo hace entre los seis meses y los dos años y medio.

* **FUNCIONES PSICOLÓGICAS:** Svadhisthana provoca la vinculación afectiva, apoyando nuestra habilidad para mantener relaciones. Evidentemente ¿cuál es la esencia de la conexión sino los sentimientos? Gracias al segundo chakra sabemos que tenemos sentimientos y que los demás tam-

bién los tienen. Asimismo, satisfacemos nuestra naturaleza sensual percibiendo aromas y sensaciones que nos hacen sentirnos vivos. Los sentimientos son la base de nuestras inclinaciones creativas y de nuestra propia expresión, y nos permiten pensar imaginativamente. También pueden llegar a ser causa de depresión, ansiedad, envidia, vergüenza, culpabilidad y odio hacia uno mismo.

* ARQUETIPOS: El arquetipo positivo es el Emperador/Emperatriz, que refleja muestra habilidad para conseguir nuestros deseos. El arquetipo negativo es el mártir, que manipula los sentimientos de los demás para conseguir sus propósitos.

* DIOS DOMINANTE: Pueden ser tanto Brahma, la deidad suprema, creadora y dadora de conocimiento, como Vishnu, el dios de la preservación.

* DIOSA DOMINANTE: Rakini, una forma de Shakti, inspiradora del arte y la música.

* PLANETA DOMINANTE: Plutón el transformador.

* GRANTHI: Ninguno.

* COMPONENTES: Éstos son los principales,
    Elemento grosero: Agua.
    Color del elemento: Transparente, blanco o azul celeste.
    Sonido del elemento: Vam.
    Portador: El cocodrilo (*makara*), que personifica la sensualidad y la potencia sexual.
    Pétalos: Tiene seis pétalos bermellones.

* SÍMBOLOS/YANTRA: El yantra contiene un creciente de plata que simboliza la Luna, en un círculo blanco que simboliza el agua.

* HABILIDADES ESPIRITUALES: Incluye la clariempatía (capacidad para sentir los sentimientos de los demás), el clariconocimiento (saber las cosas con antelación), la clariesencia (capacidad para percibir olores y sabores no presentes), la claritangencia (percepción de objetos no presentes).

* CAMPO ÁURICO ASOCIADO: El segundo campo áurico rodea al primero.

Manipura
El tercer chakra hindú

El chakra Manipura está en el plexo solar y se encarga de nuestro sistema digestivo –pero este chakra hace mucho más que ayudarnos a digerir y asimilar el alimento–. Se le considera el cerebro del cuerpo y absorbe también la información psíquica, organizando los datos y ayudándonos a formar pensamientos que regulen nuestra existencia. Esta olla de creencias intenta proporcionarnos la autoestima, la confianza en nosotros mismos y al éxito en este mundo.

* NOMBRE SÁNSCRITO: Manipura está formado por *mani* 'joya' y *pura* 'residencia'.

* UBICACIÓN: Anclado en el plexo solar, este chakra también es conocido como chakra del plexo, aunque hay quien le llama chakra del ombligo.

* Propósito: Mentalidad, poder personal, fuerza de voluntad.

* Color: Amarillo.

* Glándula asociada: El páncreas, que produce insulina y diversas enzimas digestivas.

* Partes del cuerpo que controla: El Manipura controla los órganos del sistema digestivo, la respiración, el diafragma, la columna dorsal, el intestino delgado, la piel y una parte de los riñones.

* Dolencias asociadas: Manipura se asocia frecuentemente a problemas digestivos, causa diabetes, pancreatitis, úlceras, desórdenes alimentarios, reflujo, hipoglucemia y otros problemas. También está implicado en la hepatitis, la fatiga crónica, los desórdenes musculares y en la baja presión de la sangre.

* Activación del chakra: Según el sistema hindú, Manipura se despierta entre los catorce y los veintiún años. Según mi propio sistema, lo hace entre los dos años y medio y los cuatro y medio.

* Funciones psicológicas: Manipura es un cuenco de pensamientos y creencias que se combinan para formar hábitos y patrones de comportamiento, juicios, opiniones y acciones. Los pensamientos que se forman en el tercer chakra a partir de los sentimientos que nacen en el segundo chakra se fusionan para forjar juntos nuestras emociones. Las emociones positivas sirven para for-

jar nuestro poder personal, la autoestima, la confianza en uno mismo y el éxito en nuestro mundo. Pero si las emociones no son las adecuadas o directamente son negativas, nos volveremos críticos, manipuladores y controladores.

* ARQUETIPOS: El arquetipo positivo es el guerrero, que se enfrenta a la vida con coraje y con fuerza. El arquetipo negativo es el siervo, que se pierde a sí mismo en los deseos de los demás.

* DIOS DOMINANTE: Rudra es la forma furiosa de Shiva, que representa el poder de la destrucción.

* DIOSA DOMINANTE: Lakini Sahkti es la forma compasiva de Kali, diosa furiosa.

* PLANETA DOMINANTE: El Sol, que se consideraba un planeta antiguamente, refleja la individualidad y la expresión propia.

* GRANTHI: Ninguno.

* COMPONENTES: Son los siguientes,
   Elemento grosero: Fuego.
   Color del elemento: Rojo.
   Sonido del elemento: Ram.
   Portador: Poder, fuerza y valentía.
   Pétalos: Manipura tiene diez pétalos azules.

* SÍMBOLOS/YANTRA: El núcleo de este yantra es un triángulo invertido dentro de un círculo. En cada lado del

triángulo hay una «T» que sirve de puerta para el fuego de la vida, asegurando la transformación.

* HABILIDADES ESPIRITUALES: La claricognoscencia es innata en Manipura, así como la piroquinesis.

* CAMPO ÁURICO ASOCIADO: El tercer campo áurico rodea al segundo.

Anahata
El cuarto chakra hindú

También llamado chakra del corazón, Anahata es considerado el centro de los chakras y el centro de nuestro propio ser. Las lecciones del corazón son muchas, incluyendo al amor propio y hacia los demás, siguiendo el deseo de nuestro corazón. Es en el chakra del corazón donde tiene lugar, realmente, la alquimia kundalini que incluye la transformación de las vivencias (lo que nos ha herido) en oro (la consecución de la sabiduría).

* NOMBRE SÁNSCRITO: *Anahata* significa 'sonido no tocado' o bien 'no herido' o 'no golpeado'.

* UBICACIÓN: Asociado con el plexo cardíaco, Anahata se ubica entre las mamas, en la región del corazón.

* PROPÓSITO: Amor y curación.

* COLOR: Verde.

* GLÁNDULA ASOCIADA: Anahata se asocia habitualmente con el corazón, que es el centro del sistema cardiovascular. Algunos expertos lo asocian al timo y creen que refuerza el sistema inmune. El timo se encuentra en la parte alta del pecho.

* PARTES DEL CUERPO QUE CONTROLA: El cuarto chakra sirve al: corazón, sistema circulatorio, pulmones, costillas, mamas, hombros, brazos, manos, sangre, espalda media y partes del diafragma y el esófago.

* DOLENCIAS ASOCIADAS: Las dolencias asociadas incluyen: tos que afecta al corazón, sistema cardiovascular, pulmones, mamas, pericardio, costillas, parte de la espina dorsal/cervical, timo, alta espalda, hombros y brazos.

* ACTIVACIÓN DEL CHAKRA: La filosofía hindú considera que este chakra se activa entre los veintiún años y los veintiocho. En mi sistema el chakra se despierta entre los cuatro años y medio y los seis y medio.

* FUNCIONES PSICOLÓGICAS: El corazón controla las altas emociones y las virtudes, guiándonos para ser agradecidos y compasivos. Si no hay amor hacia uno mismo, así como del amor al prójimo, nace el egoísmo, el resentimiento y la negatividad. Con estas características sólo aparecen relaciones insatisfactorias y turbulentas.

* ARQUETIPOS: El arquetipo positivo es el amante, que opera desde las más altas emociones y el idealismo. El arquetipo negativo es el impostor que, tras su apariencia glamurosa, esconde muchas inseguridades.

* Dios dominante: Ishana Rudra Shiva, también llamado Isvara, anima al autoconocimiento.

* Diosa dominante: Kakini Shakti, que aporta energía a través de las emociones.

* Planeta dominante: Venus, el planeta del amor.

* Granthi: El granthi Vishnu sirve como guardián de la kundalini ascendente. Se deshace el nudo mediante la aceptación de las responsabilidades propias y la capacidad de compasión.

* Componentes: Los principales componentes de Anahata son
    Elemento grosero: Aire.
    Color del elemento: Gris o verde clarito.
    Sonido del elemento: Yam.
    Portador: El antílope negro o la gacela sirven al corazón con su gracia y rapidez.
    Pétalos: Hay doce pétalos bermellones.

* Símbolos/yantra: Dentro del símbolo de este chakra hay una flor de loto color gris marengo con doce pétalos rodeando un *shaktona*, un símbolo de unificación de lo masculino y lo femenino. El *shaktona* se forma con la intersección de triángulos que acaben formando un hexagrama.

* Habilidades espirituales: Los principales tipos de habilidades relacionadas con Anahata incluyen los siguientes: la apantomancia (adivinación a partir de objetos o

personas o bien animales encontrados por casualidad), la proyección astral (viajes fuera del cuerpo), la quiromancia (interpretación de las palmas de las manos), la clariempatía (capacidad para sentir lo mismo que los demás), la capacidad para la sanación mediante energía, imposición de manos, hipnosis, etc.

* CAMPO ÁURICO ASOCIADO: El cuarto campo áurico reposa sobre el tercero.

Vishuddha
El quinto chakra hindú

* NOMBRE SÁNSCRITO: *Vishuddha* significa 'purificación'.

* UBICACIÓN: Vishuddha está alineado con el plexo de la laringe y de la carótida, en el centro del cuello.

* PROPÓSITO: Comunicación y expresión.

* COLOR: Azul.

* GLÁNDULA ASOCIADA: La tiroides, que es una glándula con forma de mariposa, la cual produce hormonas que influyen en el metabolismo, el crecimiento y la temperatura. La paratiroidea procesa el calcio y es la segunda glándula controlada por este chakra.

* PARTES DEL CUERPO QUE CONTROLA: Se asocia con el cuello, las mejillas, las orejas, los dientes, la boca, la tráquea,

las cuerdas vocales, la tiroides y la paratiroides, las vértebras cervicales, la parte superior del esófago y la parte superior de los hombros.

* DOLENCIAS ASOCIADAS: Los desequilibrios de este chakra comportan problemas bucales, de cuello, laringitis, desórdenes mandibulares, problemas de dentición y gingivales, dolencias de los oídos como los acúfenos y las infecciones de oído, problemas cervicales y de hombros.

* ACTIVACIÓN DEL CHAKRA: En el sistema hindú la activación ocurre entre los veintiocho y los treinta y cinco años. En mi opinión el chakra se abre entre los seis y medio y los ocho y medio.

* FUNCIONES PSICOLÓGICAS: La comunicación afecta a todos los ámbitos de nuestra existencia, desde la expresión emocional a la solicitud de nuestras necesidades. ¿Cómo compartimos lo que queremos compartir? La función de este chakra está afectada por cientos de factores, incluyendo nuestra propia habilidad para ser honestos con nosotros mismos y con los demás, nuestro bienestar emocional, nuestra empatía y habilidad para hacernos cargo de nuestras obligaciones y responsabilidades. Cualquier tipo de chisme, critiqueos, hipocresía y amargura puede arruinar nuestras relaciones y hacernos sentir inmersos en la soledad. Por otra parte, el perdón y el autoconocimiento nos asegurarán una comunicación pura y clara con todo el mundo.

* ARQUETIPOS: El arquetipo positivo es el comunicador, el que recopila y disemina la información objetiva. El

arquetipo negativo es el niño en silencio que se enfurruña y se cierra en banda a la comunicación explícita y sana.

* DIOS DOMINANTE: Es Sadashiva y también Ardhvanarisvara, una deidad andrógina que mezcla lo femenino con lo masculino.

* DIOSA DOMINANTE: Shakini, que representa el conocimiento elevado, la comunicación psíquica y todos los siddhi (poderes sobrenaturales).

* PLANETA DOMINANTE: Mercurio, el planeta de la mente y del aprendizaje.

* GRANTHI: Ninguno.

* COMPONENTES: Los principales son los siguientes,
    Elemento grosero: Éter, también conocido como akasha, que combina todos los otros elementos pero carece de color, olor, sabor, tacto y forma.
    Color del elemento: Púrpura grisáceo.
    Sonido del elemento: Ham.
    Portador: El elefante, que se mueve en todos los planos de la existencia.
    Pétalos: Tiene dieciséis pétalos grisáceos.

* SÍMBOLOS/YANTRA: El símbolo de Vishuddha es un cuarto creciente de plata dentro de un círculo que brilla como una luna llena. Dicha luna reposa en un cielo azul en un triángulo. Rodeando la luna hay dieciséis pétalos.

* HABILIDADES ESPIRITUALES: Entre las cualidades asociadas con este chakra están la clariaudiencia (escuchar lo que nadie más oye), la escritura automática (escribir mensajes en estado de trance), el exorcismo (liberación de la posesión por parte de alguna entidad), la comunicación con el más allá (hablar con los muertos), la mediumnidad (servir de conducto a los muertos), la telepatía (comunicación mental), la megagnomia (uso de los sentidos físicos en estado de hipnosis), la xenoglosia (capacidad para hablar lenguas que no se conocen), etc.

* CAMPO ÁURICO ASOCIADO: El quinto campo áurico se sitúa por encima del cuarto.

Ajna
El sexto chakra hindú

Éste es uno de los chakras más conocidos. También llamado tercer ojo, se asocia con nuestra visión interior, controlando nuestra capacidad para planificar estrategias. Con este chakra podemos prever el futuro y manifestar nuestros sueños.

Los tres nadis principales —Sushumna, Ida y Pingala— se mezclan dentro de este chakra provocando el desarrollo de la iluminación transcendental. Libre de dualidades, ahora podemos percibir la belleza que todo encierra.

* NOMBRE SÁNSCRITO: *Ajna* significa 'mando', 'dominio' y 'poder ilimitado' o 'autoridad ilimitada'.

* UBICACIÓN: Se sitúa al inicio de la columna, en la médula oblongada, la parte más baja del cerebro. Se encuentra en la zona que está entre los ojos.

* PROPÓSITO: Visión y percepción.

* COLOR: Violeta o índigo.

* GLÁNDULA ASOCIADA: La pituitaria es la más citada. Se encarga de la producción de hormonas del crecimiento, del sexo y de otros tipos.

* PARTES DEL CUERPO QUE CONTROLA: Se asocia con el cerebro, la pituitaria, el sistema neurológico, los senos, el tálamo, algunas partes del oído, la nariz y la glándula pineal.

* DOLENCIAS ASOCIADAS: Los problemas físicos consisten en dolencias oculares, ceguera, depresión, ansiedad, desarreglos hormonales, dislexia y otros trastornos del aprendizaje, insomnio, sinusitis, mareos, shock nervioso, problemas con la presión sanguínea, dolor de cabeza, migrañas, apoplejías, etc.

* ACTIVACIÓN DEL CHAKRA: Según la filosofía hindú, este chakra se activa entre los treinta y cinco y los cuarenta y dos años. Según mi sistema, se abre entre los ocho años y medio y los catorce.

* FUNCIONES PSICOLÓGICAS: Lo que se nos pide es que percibamos la verdad (y nada más que la verdad) a través del sexto chakra. Los problemas con este chakra van desde la negación de los problemas hasta la dependencia,

de la amargura al cinismo. El exceso lleva a la fantasía, el egocentrismo y la confusión. Su cualidad principal es la capacidad de permanecer en el presente mientras se planifica el futuro.

* ARQUETIPOS: El arquetipo positivo es el intuitivo, que utiliza sus extraordinarias percepciones para transformar la vida cotidiana en algo sagrado. El arquetipo negativo es el crítico, el que todo lo manipula.

* DIOS DOMINANTE: Shiva, el dios de la destrucción y la danza divina, es su dios principal. En ocasiones es Ardhvanarisvara, el dios andrógino.

* DIOSA DOMINANTE: Hakini, una forma de Shakti, que imparte sabiduría y elimina dualidades.

* PLANETA DOMINANTE: Neptuno, el planeta del misterio y el psiquismo.

* GRANTHI: El nudo Rudra nos permite verlo todo y a todos como algo sagrado. Cuando deshacemos este nudo, kundalini puede ascender hacia lo más alto: el chakra de la corona.

* COMPONENTES: Éstos son los principales,
    Elemento grosero: Luz.
    Color del elemento: Transparente.
    Sonido del elemento: Om (a veces escrito «Aum»).
    Portador: No se asocia a ninguno, normalmente.
    Pétalos: El loto es blanco y tan puro como un rayo de luna. Está formado por dos pétalos que irradian poder.

* Símbolos/yantra: Un triángulo invertido llamado *tritasra* descansa en un círculo con dos pétalos formando un loto.

* Habilidades espirituales: Hay muchas cualidades espirituales asociadas a este chakra. Las principales son la clarividencia (ver lo que nadie ve), la adivinación, la profecía, la capacidad para ver en una bola de cristal, la lectura del tarot, la interpretación de los sueños, las regresiones a vidas pasadas, etc.

* Campo áurico asociado: El sexto campo áurico rodea al quinto.

Sahasrara
El séptimo chakra hindú

Conocido como el chakra de la corona, Sahasrara concluye el peregrinaje y la incursión en un camino nuevo. Shakti y Shiva –materia y conciencia– emergen en el brillo de este chakra. Ya se ha acabado la lucha por la unidad y ahora se vive en la unicidad, siendo divinos y humanos al mismo tiempo. Los mil pétalos de este chakra son como mariposas volando que nos llevan al cielo con nuestras propias alas desplegadas.

* Nombre sánscrito: *Sahasrara* significa 'mil', y se refiere a los mil pétalos del loto que representa a este chakra. Todos los colores existen en este chakra, que también representa «la sede por excelencia, sin apoyo».

* UBICACIÓN: Algunos expertos lo ubican en la parte superior del cráneo y otros justo por encima. También hay quien cree que reside en el cerebro y se conecta con el plexo cerebral.

* PROPÓSITO: La espiritualidad.

* COLOR: Blanco, a veces violeta o dorado.

* GLÁNDULA ASOCIADA: La glándula principal es la pineal, que produce (y responde a) hormonas que regulan el sueño, el humor e incluso la conciencia.

* PARTES DEL CUERPO QUE CONTROLA: Sahasrara regula la glándula pineal, los huesos y nervios craneales, el tronco cerebral, el plexo craneal, el córtex cerebral, el sistema nervioso, los órganos de aprendizaje elevado, etc.

* DOLENCIAS ASOCIADAS: Incluyen las relacionadas con los músculos, la piel y el esqueleto; depresión, ansiedad, insomnio, problemas de aprendizaje, problemas crónicos como fatiga, alzhéimer, epilepsia, demencia, esclerosis múltiple y Parkinson; fotosensibilidad, audiosensibilidad, migrañas, mareos, tumores cerebrales, enfermedades mentales tales como esquizofrenia, psicosis y neurosis.

* ACTIVACIÓN DEL CHAKRA: La tradición hindú entiende que este chakra se activa entre los cuarenta y dos y los cuarenta y nueve años. En mi sistema se activa entre los catorce y los veintiuno.

* FUNCIONES PSICOLÓGICAS: Sahasrara nos proporciona la oportunidad de mezclar nuestras emociones y creencias con las virtudes más elevadas como la conciencia despierta, la verdad, la esperanza y el amor. Este estado genera una transcendencia genuina, elevándonos literalmente por encima del cieno de nuestras construcciones mentales como los prejuicios, el odio, la discriminación. En este chakra también podemos buscar la presencia de posesiones y maldiciones. Estas formas de interferencias nos mantendrían fuera del alcance de la «iluminación».

* ARQUETIPOS: El arquetipo positivo es el gurú, que usa las herramientas de la inteligencia y la lógica para alinearlos con las leyes espirituales. El arquetipo negativo es el egoísta, que no ve nada más allá de sí mismo.

* DIOS DOMINANTE: El Señor Shiva reina sobre este chakra. Aquí se le conoce como la Conciencia Divina Suprema o Parama-Shiva.

* DIOSA DOMINANTE: Shakti se manifiesta aquí bajo todas sus formas. Su nombre final es Shankhini. En este estado domina todos los poderes.

* PLANETA DOMINANTE: Urano, el planeta del cambio.

* GRANTHI: Ninguno.

* COMPONENTES: Hay varios componentes asociados a este chakra, que se describen de la siguiente forma,
    Elemento grosero: Ninguno.
    Color del elemento: Ninguno.

Sonido del elemento: Visarga (el sonido de la respiración). Algunas sectas usan NG.

Portador: El movimiento de bindu, que es un puntito en una luna creciente.

Pétalos: Es un loto blanco de mil pétalos. Las antiguas escrituras lo describen como reluciente y blanco. Los pétalos son de todos los colores y echan raíces en veinte estratos.

* Símbolos/yantra: Su simbolismo es complejo. A un nivel sencillo, el yantra contiene una luna llena dentro de una luz dorada. Un triángulo luminoso reposa dentro de la luna.

* Habilidades espirituales: Todas las virtudes se dan en el séptimo chakra. Las más conocidas son la profecía (conocimiento del futuro), la predicción, el exorcismo, la astrología y la fe en la sanación espiritual.

* Campo áurico asociado: El séptimo campo áurico reposa sobre el sexto.

RESUMEN

Los siete chakras son hermosamente complejos. Si fuera posible resumir todas sus virtudes en una sola sentencia, mediante una idea principal para cada chakra, sería una cosa como ésta:

Yo (primer chakra)
Me estoy (segundo chakra)
Convirtiendo (tercer chakra)
Amor (cuarto chakra)
Comunicando (quinto chakra)
La visión (sexto chakra)
Mediante el espíritu (séptimo chakra)

Yo me estoy convirtiendo en Amor,
Comunicando la visión mediante el Espíritu.

Tan hermoso como la información teórica sobre los chakras, pero mucho más alegre y productivo, es interactuar con ellos.

Ha llegado el momento de aprender a hacerlo en la segunda parte de esta obra.

SEGUNDA PARTE

PRACTICANDO

Con la magia de los chakras

Las páginas aún están en blanco, pero se percibe
la milagrosa sensación de las palabras aquí presentes,
escritas con tinta invisible y clamando
por ser vistas.

VLADIMIR NABOKOV

Ahora que estás en posesión de los conocimientos básicos sobre los chakras, así como sobre las estructuras sutiles y las energías asociadas a ellos, puedes centrarte en el trabajo práctico con ellos. Ha llegado el momento de activar la magia de los chakras.

De alguna forma, interactuar con los chakras es como abrir un libro lleno de páginas en blanco. Las hojas parecen estar en blanco, ¡pero no lo están! Cada chakra constituye una página individual, escrita con tinta invisible.

Ahora sabes lo que está escrito en cada página porque ya has leído la primera parte de esta obra. Conoces la localización de cada chakra, su color, sus símbolos, sus poderes físicos, mentales y espirituales, etc. Equipado con esta información, puedes dar un paso más: puedes empezar a dirigir tus chakras para fomentar la salud, la felicidad, la protección, los sueños y para buscar guía. Los ejercicios de la segunda parte están pensados para ayudarte a conseguir estos objetivos y muchos más.

A través de los diversos procesos que te vamos a presentar, aprenderás a localizar y evaluar tus chakras, así como a invocar la curación. Los capítulos están dedicados a cada uno de estos temas específicos.

Junto con la curación está el alivio del estrés. ¿Quién, entre nosotros, no necesita formas inmediatas y creativas para eliminarlo y disfrutar de la hermosa pero dura montaña rusa de la vida? En el capítulo 7 te presentamos formas para usar el color, el sonido, las gemas, los aceites y otras herramientas para reducir el estrés e incluso aceptarlo con cierto entusiasmo.

Bregar con las subidas y bajadas de la vida puede ser tan sencillo como dormir cada día un sueño reparador, objeto del capítulo 8, que se desarrolla con información sobre las ondas y los estados cerebrales que favorecen el descanso profundo a través de los chakras. Una de las formas más eficaces de reducir el estrés es sentirse a salvo. Los chakras y sus campos áuricos están ahí para protegerte de un mundo lleno de energías indeseables. En el capítulo 9 se muestra, específicamente, una técnica sencilla para establecer límites energéticos.

Una vez protegidos, nos centraremos en otras cuestiones. Afortunadamente, los chakras son órganos casi milagrosos cuando se trata de manifestar deseos y recibir una guía espiritual. Los capítulos dedicados a esas cuestiones serán, seguramente, tus favoritos. En el capítulo 10 presentaremos las herramientas y en el 11 se te enseñará a buscar una guía espiritual.

En muchos ejercicios se te indicará que invoques un poder superior. El nombre que utilizo en estas prácticas es «lo divino», pero eres libre de cambiarlo por cualquier término que esté cargado de significado para ti. Puede ser Dios, Allah, la Diosa, Brahma, el Creador, el Espíritu Santo, el Universo, la Luz o cualquier otra cosa con significado para ti. De igual modo, hay mucha gente que conceptualiza la divinidad como el más elevado aspecto de sí mismo, como por ejemplo «el Yo Superior» o el «Yo Interior». También podrías denominarlo «espíritu» o «esencia», que es lo que yo digo cuando quiero invocar tu propia fuente interna de guía. Otros hablan de las virtudes de la humanidad. Sea como sea, utiliza un término que concuerde con tus creencias espirituales.

Debes saber, también, que con esos ejercicios se te proporcionarán consejos que podrás incluir para dramatizar los efectos. Cuando sea posible, te diré exactamente cuándo debes aplicar el truco, en los pasos de cada ejercicio. Te ayudarán a elaborar tus propios ejercicios con el material de la primera y la segunda parte. Asimismo, harán tus sesiones de trabajo más eficaces y te proporcionarán un control creativo.

Finalmente, no importa cómo desarrolles la técnica porque la fuente de los resultados que buscamos reposa en la habilidad para conectar con la bondad, inspiración, integridad y poder. Nuestros chakras son portales perfectos para conseguirlo. De hecho, en eso mismo reside su magia.

Capítulo Cuatro

Trabajar con los chakras

Principios básicos para localizarlos

El propósito de este capítulo es prepararte para interactuar con los chakras. El capítulo cumple con este objetivo tratando dos principios tan básicos como importantes y enseñándote cómo localizar cada chakra. Necesitarás recurrir a este material en toda la segunda parte.

El primer concepto es la intención, que es el punto de partida para cualquier manifestación. En los siguientes ejercicios se te pedirá que pongas toda tu intención o que visualices lo que se te dirá. Este paso vital dirige tus chakras hacia la consecución de tus aspiraciones más profundas.

El segundo detalle importante tiene que ver con la dirección del spin del chakra. Como comentamos en la primera parte de la obra, la dirección del spin de los chakras y su significado no son universales, o al menos eso creen muchos terapeutas. Antes de que puedas detectar un chakra basándote en su spin o evaluar el significado de su rotación, es importante que entiendas lo que el spin significa realmente. La sección «Establecer el spin del chakra: Dirección y significado» te explicará lo que estoy queriendo decir.

Una vez acabado el trabajo preliminar, podrás empezar a divertirte. Ya llegaremos ahí pero, ahora, vamos a aprender a localizar los chakras. Se necesitan tres herramientas: un péndulo, tus manos y la intuición. Estos tres elementos conforman la infraestructura indispensable para todos los ejercicios presentes en este libro. (En definitiva, si no puedes encontrar un chakra tampoco podrás trabajar con él).

Los ejercicios de este libro son bastante manejables. Puedes usarlos sobre ti mismo o en cualquier otra persona. Te diré cómo adaptar cada ejercicio a cualquier propósito, en este capítulo y en los siguientes.

¿Estás preparado? ¡Pues vamos!

El poder de la intención

Durante toda esta obra se te pedirá que pongas intención o hagas alguna otra actividad similar, como focalizar tu pensamiento, visualizar o crear una fantasía. Para poder aprovechar el profundo poder de la intención, es necesario comprender lo que es la intención.

Ésta es mi definición personal de la intención: es el momento que permite a un pensamiento convertirse en realidad. Si los chakras son ruedas manejables de nuestro miniuniverso personal, la intención es la herramienta que nos permite manejarlas.

Se pueden utilizar sinónimos para intención, como «focalizar» o «decidir». Hay personas que definen la intención como un «objetivo» o una «diana», pero yo entiendo que esas palabras sólo son parcialmente correctas. Un objetivo o una diana están orientados al futuro. Ponerse un objetivo implica que se debe pensar previamente en los pasos necesarios para conseguirlo. Por el contrario, cuando se pone intención en algo, ésta ya está cumplida aquí y ahora. La intención es la actividad interna que alinea las energías sutiles con las físicas para que puedas forzar un deseo tuyo a convertirse en realidad.

Los científicos modernos y los metacientíficos dan fe de la importancia de poner intención para propiciar el cambio. Mi forma favorita de explicar el poder de la intención –o de tomar una decisión firme– tiene que ver con las energías sutiles. Como vimos en el capítulo 1, la energía sutil interactúa con la física y puede convertirse en energía física. La energía sutil lo puede conseguir porque opera en el estrafalario mundo cuántico. La intención es lo que nos mete en ese mundo donde todo es posible.

Básicamente, cuando focalizas tu atención –y estás dispuesto a llegar más lejos de lo que normalmente llegas–, las energías sutiles entran en acción. Como reacción, la realidad física se reajusta. En un lenguaje más poético, la intención puede alinear los cielos y la tierra a través de tu visualización. La actitud tiene el poder de desencadenar acontecimientos. Puedes comportarte de manera diferente. Puedes propiciar nuevas oportunidades en tu vida. Tus chakras empoderan esos cambios como si les echásemos gasolina.

¿Cómo se pone intención? Hay infinidad de métodos pero todos empiezan por la toma de una decisión. Es fácil establecer una intención en forma de sentencia, como por ejemplo: «Sería feliz si aparecieran nuevas oportunidades» o bien «Voy a empezar a atraer relaciones estupendas». Tu deseo debe ser siempre positivo y lo más claro y conciso posible.

Tras formular la intención, resulta de gran ayuda fortalecer el deseo, especialmente cuando tu intención se sale de los ejercicios aquí propuestos y quieres trabajar en ella. Siente que lo que deseas es posible con toda tu alma, con todas las fibras de tu cuerpo y con todos los aspectos de tu ser.

Compromete tu alma con la intención replanteándola como si fuera una oración o un mantra. Mueve todo tu cuerpo alrededor de la intención, visualizando que estás ya viviendo ese sueño. Métete la intención en la cabeza verbalizando o escribiendo lo que significa para ti. Las técnicas meditativas proporcionan el acceso al cuerpo, la mente y el alma para introducir una intención en la vida real. Este proceso puede incluir relajar tu mente, conectar con una fuerza superior, respirar profunda y conscientemente o hacer posturas de yoga, lo que tú prefieras. Y, además, puedes experimentar. Al fin y al cabo, todos somos diferentes, como copos de nieve, cada cual debe encontrar su forma de actuar.

Una de las formas que tiene la intención a la hora de operar sobre los chakras es sintonizar su rotación –la dirección del spin de los vórtices– de manera que puedas recibir o mandar energía para conseguir tu propósito. Por ejemplo, si tu intención es atraer nuevas oportunidades, el chakra correspondiente al ámbito donde quieres que aparezcan oportunidades deberá girar en modo receptor, porque debe estar dispuesto a recibir oportunidades. En el caso de necesitar que un chakra emane un mensaje al mundo, debe sintonizarse en modo emisor. Este punto es de vital importancia porque afecta a cómo localizas, evalúas y manipulas un chakra.

Establecer el spin de un chakra
Dirección y significado

Básicamente, los chakras son capaces de tomar o mandar energía y cada uno de ellos puede hacer las dos cosas. ¿Quién no quiere recibir amor, bendiciones, energías positivas, caricias y mensajes espirituales? Al mismo tiempo, es vital que un chakra pueda expulsar sus toxinas, sus energías sobrantes, sus patrones destructivos y que pueda mandar mensajes importantes al mundo.

A mí me dijeron que un chakra giraba en sentido de las agujas del reloj cuando estaba recibiendo energía, y al contrario cuando la mandaba. Frecuentemente *es verdad*, pero no siempre. (Qué bonito sería si todo fuera tan fácil). Hay tres grandes advertencias a las que debemos prestar atención para saber la dirección del spin de un chakra, no sólo cuando lo localizamos sino también –y especialmente– cuando evaluamos e interactuamos con él.

Para empezar, debes saber que cuando estás evaluando el spin de un chakra, sólo estarás apreciando la rueda externa, como ya hemos visto en el capítulo 2. La rueda interna es el punto donde nuestro espíritu individual se encuentra con el divino. Por esta razón, siempre está en perfecto equilibrio. En este sentido, la forma más sólida de crear un spin saludable en la rueda externa es añadirle energía que provenga de la rueda interna. Si esto ocurre, la rueda externa puede ponerse a girar en sentido del reloj, al contrario o a girar salvajemente y, en cualquier caso, el spin que adquiera será perfecto en ese momento.

En segundo lugar, hay dos perspectivas principales para evaluar el spin. Normalmente, la evaluación de la rotación se basa en el observador, la mejor forma de hacerse a la idea de cómo funciona este método es mirar como si se estuviera contemplando un reloj desde fuera, tanto en tu propio cuerpo como en el de otra persona. Las manecillas van hacia la derecha. Cuando giran al contrario lo hacen hacia la izquierda. Sin embargo, muchos terapeutas escogen mirar los chakras según sus propios ojos o según los ojos de la otra persona. Lo que yo recomiendo es mirar los chakras desde fuera, con los ojos del que observa y no del propietario de los chakras. Evaluarás el spin como si mirases un reloj de pared. Eso es lo que harás también cuando trabajes en ti mismo, en tus propios chakras. En todo caso, cuando se trate de averiguar el spin de los propios chakras, la mejor forma de saber si gira como las agujas del reloj o al contrario será usar el ejercicio 7 y analizarlo todo según las indicaciones.

En tercer lugar, sea como sea que inspecciones el spin de un chakra, hay gente que se sale de la norma. Muchos expertos en chakras creen que un chakra sano gira siempre en sentido de las manecillas del reloj y que sólo lo hace a la inversa cuando está desequilibrado (siempre contemplándolo como un reloj que vemos desde fuera). Sin embargo, cabe señalar que alrededor de un 20 por 100 de la gente con la que he trabajado a lo largo de mi carrera tiene el spin a contrarreloj. Su funcionamiento normal es al contrario del resto de la gente, del mismo modo que hay gente zurda. Lejos de ser un giro incorrecto o «erróneo», dichos individuos suelen tener cualidades chamánicas –con aptitudes místicas– que dan un toque de belleza y magia a los que les rodean.

Pero el punto más importante que me gustaría destacar es que, en realidad, los chakras de todo el mundo cambian constantemente de sentido, no siempre tienen el mismo spin y van alternando la rotación en el sentido del reloj y contrarreloj. Y es que la dirección del spin no es lo importante, sino la actividad que se consigue en función de las direcciones de rotación.

Los expertos en chakras utilizan los términos «en sentido horario» y «contrarreloj» por una razón lógica. Diferencian así cuando el chakra está recibiendo y cuando está emitiendo. Como ya hemos apuntado, usualmente el chakra recibe energía cuando gira en sentido horario y manda energía cuando gira a contrarreloj. En cualquier caso, poco importa si un chakra está girando «al derecho» o «al revés». Lo único que importa del spin es saber si ese chakra en concreto está recibiendo o mandando energía.

Este indicador es muy importante. Los ejercicios de este capítulo te permitirán averiguar el spin, sin importar la dirección del mismo. Pero en los capítulos siguientes se te enseñará a distinguir si un chakra emite o recibe, si va en dirección horaria o a contrarreloj, porque forma parte del conocimiento esencial que estamos buscando.

Dicho esto, llega el momento de aprender a encontrar los chakras mediante tres técnicas básicas.

———————— EJERCICIO 1 ————————
Localizar un chakra con el péndulo

Una forma visible de localizar un chakra es utilizar un péndulo. Un péndulo es un peso suspendido de una cuerda o cadenita. La cadena de un collar suele ser lo bastante larga como para colgarle algo lo bastante pesado para que cuelgue y se mueva. El movimiento del péndulo detectará los vórtices de energía de las ruedas externas de los chakras.

La razón por la que un péndulo puede encontrar y proporcionar una superficie de análisis de un chakra es que se mueve en relación con el spin de la energía del chakra. Cuando el peso del péndulo cae encima del vórtice, se moverá en sentido horario o a contrarreloj, vertical u horizontalmente, siguiendo la dirección del mismo. Puede moverse en un círculo completo. En ese sentido, nos revelará de inmediato si un chakra está demasiado abierto o medio cerrado. Evidentemente, el movimiento podrá cambiar porque nuestros chakras también cambian de rotación constantemente.

Puedes encontrar tus chakras –o los de otra persona– con un péndulo. Salvo cuando trabajas en ti mismo porque es imposible utilizar el péndulo tú solo cuando intentes encontrar los de la parte trasera. Para localizar los chakras en la espalda, mejor utiliza el ejercicio 2.

Éstas son las instrucciones para encontrar los chakras, tanto en un compañero como en ti mismo.

* PASO UNO: **En otra persona, parte frontal y parte posterior.** Coloca a tu compañero tumbado en una camilla o similar (una cama, un sofá, el suelo u otra superficie). Deberá tumbarse boca arriba cuando vayas a buscar sus chakras frontales, y boca abajo cuando quieras buscar los posteriores. Delante del compañero, coloca el péndulo por encima de su cuerpo entre 5 y 15 cm de distancia, aproximándote a los puntos donde sabes que más o menos están los chakras. Fíjate en la figura 1 y ve buscando cada chakra. Coloca el péndulo quieto encima de la ubicación aproximada y, cuando empiece a moverse, sabrás que estás encima de su vórtice.

* PASO DOS: **En ti mismo, por delante.** Puedes sentarte, tumbarte o permanecer de pie. Cuando busques uno de tus chakras, tienes que poner el péndulo entre 5 y 15 cm

de tu cuerpo, enfrente de la zona de cada chakra, hasta que vayas dando con ellos. Cuando los hayas encontrado, te será fácil saber el spin de cada uno utilizando el ejercicio 7.

* Paso tres: **En ti mismo, por detrás.** Usa la palma de tu mano con la «intención» de evaluar los chakras. Sigue el ejercicio 2 para conseguirlo. Cuando lo hayas hecho, coge el péndulo y colócalo entre 5 y 15 cm sobre la palma de tu mano, hasta que empiece a moverse, lo cual indicará que has encontrado el chakra y que puedes empezar a evaluarlo.

EJERCICIO 2
Transferir un chakra a la palma de la mano

En el cuerpo hay chakras secundarios o menores y los que hay en las manos son muy poderosos. Los chakras de las manos son energéticamente potentes porque las manos (y los brazos) son extensiones del chakra del corazón. Si no puedes alcanzar un chakra frontal o posterior, puedes establecerlo en tu palma y trabajarlo ahí. Escoge un chakra que quieras evaluar y pon tu atención en él: «Voy a interactuar con mi primer chakra posterior en la palma de mi mano». El chakra de tu mano se adaptará al chakra que quieres trabajar. Cuando hayas acabado de trabajar con un chakra transferido, pon esta intención: «Mi palma está ahora limpia de esta transferencia».

EJERCICIO 3
Localizar un chakra con las manos

Las manos son la extensión del cuarto chakra, o corazón. Dada su sensibilidad, las manos son frecuentemente capaces de percibir con facilidad los vórtices de los chakras y determinar muchos factores como la temperatura, las emociones, etc.

Este ejercicio te ayudará a localizar un chakra con las manos. Para llevar a cabo esta actividad, es importante distinguir entre tu mano receptora y la emisora. La mano receptora recibe la energía, normalmente del mundo exterior, mientras que la emisora lanza energía al exterior, normalmente desde el interior. Usa el ejercicio 4 para diferenciar tus manos y, después, pon en práctica el siguiente ejercicio con los pasos que se apuntan:

* PASO UNO: **Preparación.** Escoge un chakra con el que quieras trabajar y haz unas cuantas respiraciones profundas. Coloca una palma encima de la otra cuando hayas aprendido a diferenciar tu palma receptora de la emisora (*véase* ejercicio 4).

* PASO DOS: **Busca con tu mano receptora.** Céntrate en el área del chakra y pasa lentamente tu mano receptora por encima, a unos cuantos centímetros de la piel. Ve moviendo la mano hasta que percibas una diferencia entre la energía del chakra y la del área circundante. Las diferencias las percibirás a través del cambio de temperatura, de sensación, por el movimiento e incluso por la emoción que te llegue.

* PASO TRES: **Busca con tu mano emisora.** Para algunos resulta más fácil localizar un chakra con la mano emisora que con la receptora. Pon tu mano en paralelo con el área del chakra seleccionado, entre 5 y 15 cm de distancia del cuerpo. Mana energía a través de tu mano y muévela por el área del chakra hasta que encuentres un lugar que despida más calor o más frescor, o que simplemente se note diferente y transmita otras sensaciones o emociones.

* PASO CUATRO: **Busca con ambas manos.** Puedes hacer el paso uno y el dos –o ambos– y después dejar de buscar. O bien puedes saltarte esos pasos y buscar directamente con las dos manos al mismo tiempo. Para hacerlo, muévelas sobre la zona del chakra hasta que encuentres el punto concreto. Percibirás una mezcla de sensaciones, temperaturas, vibraciones, etc.

* PASO CINCO: **Sigue o acaba.** Puedes seguir buscando otros chakras o acabar el ejercicio. Para cerrar, haz unas cuantas respiraciones profundas y piensa en seguir tu vida normal. Si lo que pretendes es evaluar los chakras, después de haberlos encontrado, sigue los pasos del ejercicio 8.

———————— EJERCICIO 4 ————————
Cómo discernir entre tu mano receptora y tu mano emisora

¿Cómo se puede diferenciar la mano que emite energía de la que la recibe? Usualmente, la mano izquierda es la que recibe y la derecha la que emite, pero con los zurdos pasa lo contrario y hay personas que, sin ser zurdas, también resultan diferentes.

Para diferenciarlas, sacude las manos y frótalas entre sí. Coloca, después, las palmas en paralelo, separadas entre 5 y 15 cm, y siente el flujo de energía entre ellas. ¿Eres capaz de notar la mano que manda y la que recibe? Generalmente, la mano receptora estará más caliente porque va acumulando energía exterior. Dicha palma también hormigueará, quizás esté un poco enrojecida o pique un poco. La mano emisora estará más fría porque va perdiendo energía, se verá más pálida y vibrante.

Si después de esto te sigue resultando difícil discernir entre ambas, escoge una mano e imagina un color que emana de ella, hacia la otra palma. Intenta visualizar el flujo de energías. ¿Qué mano genera el color y qué mano lo recibe?

En cuanto hayas encontrado la diferencia entre ambas, etiquétalas según lo percibido. Dado que las circunstancias de la vida de cada cual son cambiantes, conviene volver a evaluar las manos de vez en cuando para asegurarnos que siguen iguales.

——————— EJERCICIO 5 ———————
Localizar un chakra intuitivamente

Como apuntamos en el capítulo 3, cada chakra se asocia a una cantidad diversa de matices intuitivos. En esta sección los agruparemos en diferentes categorías, de manera que puedas centrarte en la que prefieras para localizar un chakra. Las cuatro categorías principales son la intuición física, espiritual, verbal y visual. La quinta categoría es más bien de tipo místico e incorpora las categorías anteriores.

En esta segunda parte utilizarás las mismas habilidades para interactuar con los chakras.

En este ejercicio empezaremos con una breve descripción de cada elemento. Después verás cómo localizar un chakra con cada uno de ellos.

* INTUICIÓN FÍSICA: Es capaz de percibir las energías sutiles, y se relaciona con el mundo a través del cuerpo físico, los sentimientos y el conocimiento.

* INTUICIÓN ESPIRITUAL: Es un tipo de empatía que se relaciona con las energías sutiles a través de la iluminación, evaluando cosas como el amor y la virtud.

* INTUICIÓN VERBAL: Es capaz de oír palabras, susurros, canciones y mensajes a través del «oído interior» o incluso en el mundo físico cotidiano.

* INTUICIÓN VISUAL: Puede recibir estímulos visuales como colores, capas, imágenes e incluso pequeñas dramatizaciones. Del mismo modo puede captar mensajes visuales en su entorno.

* INTUICIÓN MÍSTICA: Sería la propia de un chamán, capaz de utilizar todas las formas de intuición para recibir y ofrecer información, sanar y conducir viajes interdimensionales.

Para llevar a cabo este ejercicio, elige un chakra de tu cuerpo o de otra persona. Haz unas cuantas respiraciones profundas y pídele a tu espíritu esencial o a tu parte divina que sintonice tu conciencia.

Después, evalúa el chakra de las siguientes formas:

* INTUICIÓN FÍSICA: Siente la localización del chakra, físicamente. Lo sentirás en el cuerpo, habrá una reacción emocional en el punto del chakra o, simplemente, «sabrás» que está allí.

* INTUICIÓN ESPIRITUAL: Serás consciente de la ubicación exacta de un chakra sin saber cómo. Pídele a lo divino que te lo localice.

* INTUICIÓN VERBAL: Intenta escuchar los tonos de un chakra. Puedes solicitar ayuda para escuchar con tu oído interior o buscarla en una fuente externa.

* INTUICIÓN VISUAL: Pide una visión de la localización del chakra. Si eres capaz de percibir algún tipo de imagen pero te resulta borrosa, intenta pedir una imagen clara que puedas llegar a ver físicamente.

* INTUICIÓN MÍSTICA: Reúne todas las facultades que puedas y mezcla la información para dar con el punto exacto.

Capítulo Cinco

Evaluar los chakras

En el capítulo 4 has aprendido a encontrar un chakra usando el péndulo, las manos y la intuición. Ha llegado el momento de aprender a interpretar lo que vas a ir descubriendo. Los ejercicios de este capítulo están pensados para ayudarte a evaluar los chakras. En relación con la intuición, también se te explicarán todos los elementos que la evaluación intuitiva de los chakras puede aportarte. Igual que en los ejercicios de péndulo y manos, podrás emplear todas las técnicas anteriormente expuestas y aplicarlas en los siguientes capítulos.

Recuerda que, cuando estés buscando la dirección del spin de un chakra, en realidad lo que buscas es saber si está emitiendo o recibiendo. Por ello, el ejercicio 6 te enseñará cómo usar un péndulo para diferenciar el spin de cada chakra.

EJERCICIO 6

Usar el péndulo para determinar
si un spin es receptor o emisor

Muchos ejercicios de este capítulo, y de los siguientes, requieren saber si un chakra está recibiendo o emitiendo energía, según la dirección de su spin. Si estás trabajando sobre otra persona, empieza dibujando mentalmente un reloj sobre cada chakra. Si trabajas en tu propio cuerpo, remítete al ejercicio 2 y coloca el chakra concernido en la palma de tu mano.

Ahora, coge el péndulo y coloca su peso entre 5 y 15 cm por encima del chakra, bajando el péndulo, si fuera necesario, hasta que empiece a girar en la misma dirección que el spin. Cuando encuentres el movimiento, declara alguna cosa mentalmente como por ejemplo: «Estoy viendo el spin propio de una entrada de energía».

Fíjate en la dirección del vórtice y sabrás si la energía entra o sale. Lógicamente, las direcciones son opuestas entre un spin emisor y uno receptor. En cualquier caso, compruébalo una segunda vez. Pronuncia mentalmente una frase tal como «Estoy viendo el spin de salida de energía». Si quieres, puedes utilizar los términos «sentido horario» y «contrarreloj» para designar el spin del chakra, así entenderás con facilidad si se trata de un chakra que está recibiendo o emitiendo.

Ahora podemos continuar evaluando el significado del movimiento del péndulo.

Usar el péndulo para evaluar
el spin de un chakra

Recuerda que, para este ejercicio, el spin del chakra será receptor cuando esté recibiendo energía y emisor cuando esté lanzando energía al exterior. Localiza el chakra y utiliza el péndulo para evaluar los siguientes factores que describirán el funcionamiento del mismo, por la parte anterior o por la posterior. Deberás esperar entre quince y treinta segundos antes de descifrar el movimiento porque puede pasar un pequeño lapso antes de que el movimiento aparezca con claridad.

* *El movimiento de entrada oscila con un suave ritmo en un amplio arco.* El chakra está tomando la energía necesaria.

* *El movimiento de salida gira suavemente en un amplio arco.* El chakra está deshaciéndose de la energía sobrante.

* *La oscilación forma una circunferencia muy grande.* El péndulo marcará una circunferencia mayor de 30 cm. Eso indica que el chakra está absorbiendo o expulsando mucha cantidad de energía.

* *La oscilación es muy estrecha.* Cuando el giro es muy ajustado, el péndulo formará una circunferencia menor a 5 cm. Eso implica que el chakra está detectando energías indeseables o potenciales amenazas, e intenta protegerse.

* *El movimiento se detiene.* Cuando un chakra se cierra por completo porque percibe peligro o tiene miedo, se contrae del todo hasta cerrarse.

* *El giro es errático.* El chakra está confuso (¡igual que su propietario!).

* **El movimiento parece vertical.** Por alguna razón, el chakra está operando espiritualmente e ignora la vertiente práctica de la vida.

* **El movimiento parece horizontal.** El chakra está operando en el mundo material y dejando de lado la parte espiritual.

* **El movimiento se dirige hacia la parte superior derecha del cuerpo.** El chakra está sobrealimentando sus tareas masculinas, ignorando la perspectiva femenina.

* **El chakra se mueve hacia la parte superior izquierda del cuerpo.** Se está centrando en las energías femeninas, ignorando la perspectiva masculina.

* **El movimiento de entrada es demasiado rápido.** Indica ansiedad y miedo al futuro (el chakra está acumulando mucha energía para prepararse para un futuro potencialmente malo).

* **El movimiento de salida es demasiado lento.** Indica depresión y estancamiento en el pasado (el chakra está colgado literalmente de la energía del pasado).

Tras haber evaluado un chakra, toma notas sobre lo que has averiguado. Sigue evaluando los demás chakras si te apetece. Puedes usar esta técnica en los capítulos siguientes para llevar a cabo tareas que necesites.

EJERCICIO 8
Usar las manos para evaluar un chakra

Puedes evaluar un chakra aislado o toda la serie con tus propias manos. Obviamente, cuesta mucho hacerlo con los propios, en cuyo caso es mejor referirse al ejercicio 2.

También tienes que saber la diferencia entre tu mano receptora y la emisora, cosa que podrás conseguir siguiendo el ejercicio 4. Si trabajas con la palma de la mano, evaluarás el chakra transferido con la mano. Usa tu intencionalidad para cambiar una mano de emisora a receptora, y viceversa.

Este ejercicio se va a describir como si estuvieras trabajando sobre otra persona, aunque también podrías hacértelo a ti mismo.

* Paso uno: **Localiza el chakra.** Busca el chakra con las manos siguiendo el ejercicio 3.

* Paso dos: **Recopila la información.** La manera más completa de evaluar mediante las manos es seguir tres etapas. Recomiendo que se lleven a cabo las tres, aunque la tercera puede obviarse.

  Calibra con la mano receptora. Pasa lentamente la mano receptora por encima del chakra, moviéndola verticalmente entre 5 y 20 cm por encima del cuerpo. Si estás trabajando con otra persona, ve moviendo la mano horizontalmente conforme vayas subiendo y bajando en vertical, como si fueran pisos distintos. Si estás evaluando un chakra en tu propio cuerpo, te sugiero que te tumbes y vayas moviendo la mano en varios planos verticales. Lo que estamos haciendo con estos movimientos es buscar los extremos superior e inferior del vórtice del chakra para ver si hay anomalías, las cuales se definen en el siguiente paso.

  Analiza con la mano emisora. Ejecuta las mismas maniobras con la mano emisora.

Evalúa con ambas manos. Mueve las dos manos sobre el chakra, cubriendo la región del chakra, entera. Ahora ya has evaluado un chakra siguiendo los tres pasos.

* Paso tres: **Busca indicadores.** Éstos son los indicadores que debes buscar:

Movimientos uniformes. Si la energía del chakra parece moverse uniformemente, con un círculo suave, con la misma cantidad de energía entrante que saliente, el chakra está perfectamente calibrado y sano.

Poca energía saliente. El chakra está contraído, no suelta toda la energía física, mental o espiritual que debiera.

Demasiada energía saliente. Indica un exceso de trabajo en el área vital del chakra. Podría revelar emociones descontroladas y desconocidas.

Demasiada energía entrante. Indica desesperación en el área vital controlada por el chakra.

Poca energía entrante. Indica miedo de aceptar o recibir la energía necesaria.

Bajón en la energía. La energía se pierde o no resulta operativa; puede tratarse de depresión o de pérdida de fuerzas.

Subidón de energía. El chakra está captando más energía de la que luego puede soltar. Éstas pueden ser propias o externas.

Hormigueo. El chakra se está transformando; normalmente es algo positivo.

Calor. El chakra probablemente está absorbiendo la energía necesaria para funcionar o cambiar. El calor puede ser un síntoma positivo o negativo. En ocasiones apunta a procesos inflamatorios o a un exceso de energía. Sin embargo, si has estado practicando una sanación, una subida en la temperatura sólo indica que el chakra está absorbiendo más energía que antes.

Frío. El chakra está soltando mucha energía, lo cual puede ser bueno o malo. Si un chakra pierde demasiada energía, se verá incapacitado para cumplir con su trabajo. Tras una sanación, sin embargo, una bajada temporal de la temperatura se deberá a la expulsión de energías sobrantes.

Agujeros. Son como manchitas que indican que un aspecto del chakra (o de la persona) se ha perdido.

Fugas. Indican pérdida de la energía, quizá debida a otra persona con patrones negativos.

Grietas. Similares a las fugas. Cuando la grieta es como una herida, la causa suele ser un evento traumático o una relación perniciosa. Si es parecida a un corte con cuchillo, se tratará de un patrón de abusos continuados.

Manchas. La energía está congestionada, lo cual puede indicar que alguien está siendo manipulador.

Emociones. Frecuentemente, una o ambas manos pueden percibir sentimientos mayores e, incluso, creencias que afectan al área que controla el chakra. Es importante averiguar si esos sentimientos o creencias son propios de la persona con la que trabajamos o de terceras personas.

Dolor. Las manos pueden detectar algún tipo de dolor, ya sea abrasador, punzante, hiriente o del tipo que sea. Puede indicar un dolor realmente físico o emocional, de esta vida o de otras anteriores.

* PASO CUATRO: **Más chakras/Cerrar.** Toma notas de lo que hayas estado descubriendo. Evalúa los chakras adicionales si lo consideras necesario. Cuando hayas acabado, haz unas cuantas respiraciones y frótate las manos una contra otra. Regresa a tu vida cotidiana. Después trabajarás en los chakras que consideres oportunos, dependiendo de lo que encuentres en ellos, seleccionando el ejercicio adecuado que encontrarás en otro capítulo de este libro. Consulta el Consejo 1 sobre cómo evaluar dos veces tus descubrimientos con el péndulo.

Consejo 1
Doble evaluación con el péndulo

¡Coge el péndulo! Después de haber evaluado un chakra (o varios de ellos) con tus manos, saca conclusiones. Luego utiliza el péndulo para conseguir respuestas de un Sí y un No. Se trata, sencillamente, de hacer preguntas que puedan contestarse con una afirmación o una negación y observa de qué modo se mueve el péndulo. Una pregunta típica suele ser «Mi nombre es (insertar el nombre real) y observar cómo se mueve el péndulo. O bien «Soy un hombre/mujer/chico/chica/casado/soltero…» y ver cómo se mueve el péndulo. Después se hace una pregunta en falso «Mi nombre es (insertar un nombre falso)» y se ve la diferencia de movimiento.

Una vez aprendido este código, repasamos a tu lista de problemas o conclusiones resultantes de la evaluación. Por ejemplo, si percibes una sobreabundancia de energía que se escapa del segundo chakra, pregúntale al péndulo algo como «¿Hay, realmente, mucha energía escapándose de ese chakra?».

Esta doble evaluación clarificará definitivamente los hipotéticos problemas de cada chakra.

El don de la intuición
¿Qué se puede evaluar?

La intuición es tu salvoconducto para evaluar los chakras y para llevar a cabo curaciones o cualquier otro tipo de trabajo. Por ello, me gustaría presentarte unos cuantos elementos que la intuición puede desenterrar. Este ejercicio te ayudará a llevar a cabo una evaluación y los siguientes ejercicios que se exponen en este libro.

Básicamente, la intuición te ayudará a descubrir los elementos que siguen:

* BLOQUEOS: En lenguaje energético, un bloqueo es energía atascada o energía sobrante. La pregunta crítica es «¿Qué energía está atascada?». Las posibilidades son éstas:
    - Tu propia energía reprimida o compactada. Puede estar compuesta de sentimientos, pensamientos negativos, memorias, toxinas físicas o microbios.
    - Energía aportada por otros. Cada chakra puede absorber energías encajando frecuencias de su misma banda. Estas energías incluyen las energías emocionales, mentales y físicas de otras personas.

* PROGRAMAS: Ideas insanas.

* PATRONES: Programas creados repetitivamente que no ayudan al comportamiento ni producen respuesta positiva alguna.

* FORTIFICACIONES: Son patrones de larga duración que afectan negativamente a un chakra y su campo áurico. Fomentan problemas físicos, mentales y espirituales. Una

fortificación consigue su propósito causando comportamientos repetitivos y destructivos o atrayendo a personas y situaciones similares a la original que formó el patrón. Las fortificaciones pueden basarse en sentimientos (en cuyo caso estimulan el mismo sentimiento una y otra vez), en pensamientos (que provocan disfunciones mentales), en las emociones (compuestas de sentimientos y creencias juntas) o espirituales (que afecta a cómo percibimos lo divino y nuestra propia divinidad).

* APEGOS: Las fortificaciones atraen frecuentemente –y a veces enraízan– apegos que a veces se llaman cuerdas o ataduras. Desde el punto de vista energético, son como sogas que representan relaciones tóxicas. Estos apegos pueden darse entre dos personas o más, o entre personas y otro tipo de entidades. Se atan a los chakras y sus campos áuricos. Suelen provocar pérdidas de energía positiva y depósitos de energías negativas.

    Las entidades a las que hacíamos referencia suelen ser almas desencarnadas. Cuando atrapan a una persona las suelo llamar fuerzas oscuras o interferencias. Esas entidades también pueden ser fantasmas (almas de los vivos que ya han fallecido) o guías espirituales (seres que apoyan todo lo vivo en nombre de la divinidad). Lo más común es que las entidades espirituales sean beneficiosas, ya sean ancestros fallecidos o ángeles.

* SITUACIONES CAUSALES: Las facultades intuitivas son vehículos ideales para reseguir un problema hasta llegar al período de tiempo que lo causó. Como vimos en el capítulo 2, muchos problemas son kármicos o proceden de la niñez, causados por la familia o por patrones históricos.

Podemos buscar la rueda externa de un chakra para descubrir estos problemas. Las situaciones causales también pueden haberse producido por el corte en la activación de un chakra durante la infancia, un tema que se trata en el capítulo 3.

* Dones o mensajes positivos: Cada chakra tiene habilidades particulares o dones intuitivos, como dijimos en el capítulo 3. También llevan consigo memorias de todas las cosas buenas. Desbloquear un chakra con la intuición puede descubrir aptitudes desconocidas, deseos o los verdaderos sentimientos sobre una situación.

EJERCICIO 9
Usar los dones intuitivos para evaluar un chakra

El propósito de este ejercicio es permitir que te centres en un solo chakra y consideres su estilo intuitivo mientras lo evalúas. Después, si lo deseas, puedes moverte a otro chakra. Percibirás que, cada vez que cambies de chakra intuitivamente, el estilo también cambiará.

Empieza este ejercicio respirando profundamente en una zona tranquila, pidiendo ayuda divina. Luego, intuitivamente, evalúa cada chakra con los siguientes cinco estilos:

* Intuición física: Percibe lo que no funciona en ese chakra. Puedes sintonizar física o emocionalmente con un problema o con un don escondido o, sencillamente, saber qué está pasando en verdad. Un bloqueo, por ejemplo, parecerá algo grueso y denso o bien puede revolverte las emociones. Un apego se percibe como algo espinoso o

causar un dolor cortante. Si te preguntas por la causa de una emoción desbordante, piensa en personas, situaciones, posibilidades o acontecimientos y piensa en sus reacciones. Cuando estés trabajando con las emociones de los demás, tus sensaciones resultarán inexplicables para la propia historia de tu vida.

* Intuición espiritual: Confía en lo divino o en tu propio espíritu para encontrar la presencia de un vacío de amor. Los chakras bloqueados te harán sentir como alguien indigno de amarse o como alguien vergonzoso. Los apegos te harán sentir alejado de lo divino. Las situaciones causales se reflejarán en problemas espirituales o de relaciones. Los mensajes positivos y las habilidades estimularán reacciones amorosas en ti. Las energías negativas serán percibidas como cosas malas y erróneas.

* Intuición verbal: Para evaluar un chakra, pide a lo divino que te conecte a la fuente más elevada de guía verbal. Después, pide que te provea de sentencias, palabras, canciones, etc., que te indiquen si un chakra tiene bloqueos, apegos, situaciones causales, dones y demás. También puedes conseguirlo escribiendo.

* Intuición visual: Pide que te sean mandados imágenes, colores, sensaciones o visiones de los bloqueos, los apegos, las situaciones causales, las necesidades, los dones o las percepciones que tienes al mirar un chakra. Si no visualizas respuestas inmediatamente, pon un lápiz y papel en tu mesita de noche. Escribe preguntas y pide a lo divino que te mande un sueño. Escribe el sueño en cuanto te despiertes.

* INTUICIÓN MÍSTICA: Ya has aprendido cómo se evalúa un chakra intuitivamente. Ahora hay que hacer unas cuantas respiraciones profundas y pedirle a la divinidad que te ayude a mantenerte alerta y consciente sobre todo lo que necesites saber de un chakra, mezclando todos los estilos anteriores de una manera simultánea. Pregunta también si hay espíritus positivos disponibles para ofrecerte información o inspiración o para decirte si mejor necesitas percibir otro espacio/tiempo con el fin de entender mejor un chakra.

Cuando acabes tu evaluación, conserva tus observaciones y determina si necesitas practicar algún ejercicio de los siguientes capítulos.

Capítulo Seis

Limpiar y curar

A través de los chakras

Ahora que sabes cómo localizar los chakras y hacer eva-
luaciones sencillas con un péndulo, con las manos y con
la intuición, llega el momento de trabajar. En este capítulo
aprenderás a limpiar y sanar a través de los chakras. Éstas
constituyen las dos aplicaciones más populares de la magia
de los chakras.

Limpiar significa eliminar energías innecesarias o perniciosas de los chakras. Normalmente, un ejercicio de limpieza deja a la persona fresca, renovada y aliviada.

Curar significa «hacerlo todo», es decir, incluye la limpieza así como añadir energías sanas y positivas para crear
un estado de buena salud. En este capítulo se te enseñarán
ambas actividades con las manos, con el péndulo y con la
intuición.

Además de presentar los fundamentos de la limpieza y la
sanación, he añadido un único ejercicio junto con dos consejos relacionados con él. El ejercicio es para reducir el dolor.
Empezarás el proceso con las manos y, después, mediante la
intuición. Finalmente, si podemos librarnos del dolor, nos
liberaremos y viviremos nuestras vidas.

Cuando lo necesites, utiliza el ejercicio 2: «Transferir un chakra a la palma de la mano», y el ejercicio 4: «Cómo discernir entre tu mano receptora y tu mano emisora», en las páginas 111 y 113, respectivamente.

——————— EJERCICIO 10 ———————
Usar las manos para limpiar un chakra

Sigue los siguientes pasos para limpiar un chakra con las manos. Este ejercicio puedes hacerlo sobre ti mismo o en otra persona. Cuando hayas acabado con un chakra, puedes pasar al siguiente. Recuerda que puedes transferir un chakra a la palma de tu mano, en caso de necesidad. Incluso puedes hacer esta maniobra para ayudar a otra persona.

¿Cuándo deberemos colocar el chakra de otra persona en nuestra mano? Yo lo hago cuando tengo que trabajar por teléfono o cuando no consigo encontrar el chakra que me interesa de una persona.

* Paso uno: **Pon la intención.** Enfoca tu deseo en la limpieza para un chakra específico, o para un grupo o para todos ellos; selecciona con qué lado vas a trabajar. Puedes concentrarte en un objetivo concreto o en uno general.

* Paso dos: **Abre las manos.** Frota las palmas unas cuantas veces y distingue entre la mano receptora y la emisora (ejercicio 4).

* Paso tres: **Saca las energías no deseadas.** Coloca tu mano receptora a unos 15 cm de distancia del primer chakra con el que vayas a trabajar y saca de él las energías sobrantes o las perniciosas. Deja que esas energías floten en la palma de tu mano y que tu espíritu o lo divino se encargue de ella.

* PASO CUATRO: **Añadir energías positivas.** Coloca tu mano emisora sobre el chakra tratado entre 5 y 15 cm por encima de éste y piensa en energías positivas que fluyen hacia el chakra. Éstas aparecerán en la palma de tu mano y entrarán directamente en el chakra.

* PASO CINCO: **Integración.** Coloca ambas manos cerca del chakra (si fuera posible, estaría bien una mano por la parte anterior y la otra por la posterior). Normalmente se suelen poner las manos a unos 5 cm por encima del cuerpo. Si tienes el permiso de la persona, se puede tocar directamente la piel o la ropa. Busca la integración de las energías y su equilibrio.

* PASO SEIS: **Continuación/cierre.** Sigue con el proceso de limpieza por todos los chakras, si es necesario. Cuando acabes, sacude bien las manos para deshacerte de las energías y pide a la divinidad que te limpie de energía residual. Haz unas cuantas respiraciones profundas y sigue con tu vida cotidiana.

Consejo 2
Limpiar un chakra con las manos

En el último capítulo has aprendido cómo transferir un chakra a la palma de tu mano. Para ello no se necesita un péndulo ni instrumento alguno; basta con tener la intención de anclar el chakra a la mano.

También se puede emplear la intención para cambia el chakra anterior al posterior; en ese caso, utiliza la otra mano para el trabajo de limpieza, con el fin de cambiar así de receptora a emisora.

Con la adecuada intención, la mano también puede hacer ambas actividades simultáneamente para conseguir la integración. Como siempre, la intención es la clave. Basta con pedirle a tu Yo Superior que actúa con ambos lados de un chakra –con la mano colocada en el sitio adecuado– para que puedas hacerlo fácilmente. Este proceso tiene lugar con la mano activa. Esta técnica es muy conveniente cuando te ves obligado a trabajar con prisa.

Usar las manos para curar un chakra

Este ejercicio es de naturaleza vibratoria, no tan enfocado a la información. Eso significa que no tienes que analizar emociones ni problemáticas específicas, sino trabajar en función de las sensaciones que produzcan las energías sutiles y las físicas. Por esta razón recomiendo especialmente este ejercicio a quien sea intuitivo físico o espiritual. Basta con confiar en tus manos para percibir e interpretar lo que te está llegando mientras trabajas en ti mismo o en otra persona.

* PASO UNO: **Selecciona chakras.** Decide qué chakras trabajarás y localízalos con el ejercicio 4. Te aconsejo que interactúes con ambos lados, anterior y posterior (opcional: inserta el consejo 3 aquí).

* PASO DOS: **Abre las manos.** Frota las palmas de tus manos unas cuantas veces y distingue entre la mano receptora y la emisora (ejercicio 4).

* PASO TRES: **Localiza y evalúa.** Localiza y evalúa uno de los chakras seleccionados, por los dos lados. Si es preciso, toma notas de lo que descubras.

* PASO CUATRO: **Repara.** Repara ambos lados del chakra seleccionado pidiéndole a lo divino que te provea de energías adecuadas y coloca las energías sobrantes o nocivas a buen recaudo.

Ésta es la manera en que podrás trabajar diversos aspectos:

Movimientos equilibrados: Si la energía del chakra es pareja, limpia simplemente el chakra siguiendo el proceso presentado en el ejercicio 10, luego cierra esa sesión y pasa a otro chakra.

Poca energía saliente: Con la mano receptora, atrapa la energía perniciosa –que puede estar bloqueando el adecuado flujo– y luego aporta energía sana con tu mano emisora.

Demasiada energía saliente: Con la mano emisora, manda la energía necesaria para detener la hemorragia energética y rellena el chakra. Con la misma mano, crea un filtro que retenga la energía beneficiosa dentro del chakra. La mejor forma de conseguirlo es visualizar el proceso ya acabado.

Demasiada energía entrante: Con la mano receptora, saca la energía sobrante. Con la mano emisora, crea una red protectora para el chakra.

Poca energía entrante: Usa la mano emisora para proveer al chakra de la energía que necesita aliviar los tejidos internos.

Bajón energético: Usa la mano emisora para compensar la pérdida de energía y estimular emociones alegres.

Subidón energético: Usa la mano receptora para quitar la energía sobrante. Después utiliza la emisora para añadir una energía balsámica al cuerpo, la mente y el espíritu.

Cosquilleo: Usa ambas manos para integrar la transformación ya iniciada.

Calor: Utiliza ambas manos para añadir la energía que fuera necesaria pero evitando la sobrestimulación. Luego equilibra el chakra.

Frío: Usa ambas manos para deshacerte de las energías indeseadas y añadir la energía positiva necesaria.

Agujeros: Usa la mano emisora para añadir o estimular la energía necesaria y para deshacer apegos hipotéticos que están robando energía.

Escapes: Usa la mano emisora para sellar la fuga y deshaz apegos.

Grietas: Utiliza ambas manos para curar heridas internas. Usa la mano emisora para cerrar la grieta y protege al chakra de lo que quiera que lo haya dañado.

Manchas: Usa la mano receptora para quitar la energía bloqueada y la mano emisora para crear una red protectora.

Estados emocionales: Si los sentimientos o las creencias son obvias, pide a lo divino que te ayude a determinar cómo arreglar el problema, aliviar sentimientos erráticos, cambiar creencias disfuncionales o desconectar de fuentes de intrusión.

* Paso cinco: **Continúa.** Trabaja con el resto de chakras seleccionados, repitiendo cada paso.

* Paso seis: **Cierra.** Pon ambas manos sobre el chakra con el que hayas trabajado (o sobre el cuarto, si has trabajado con varios). Si has trabajado sobre tu palma puedes completar el ejercicio integrando el cuarto chakra, el del corazón. Pide que se equilibren todas las energías. Frota bien tus manos entre sí y sacúdelas. Vuelve a tu vida normal.

Consejo 3
Las subdivisiones de los chakras

¿Tienes idea de si un problema es principalmente físico, mental o espiritual? Maneja tu trabajo de curación en función de la siguiente tabla de subdivisiones de los chakras. Trabájalos –por ambos lados– específicos para el tema que te ocupe.

CHAKRA	SUBDIVISIÓN	EFECTOS
Primero	Físico	Salud física, necesidades, bienestar, realidad material
Segundo Tercero Cuarto	Mental	Regula las emociones, los pensamientos y las relaciones, estableciendo el bienestar mental
Quinto Sexto Séptimo	Espiritual	Controla la comunicación y la expresión personal, los intercambios de percepciones y la identidad espiritual

EJERCICIO 12

Usar la intuición para curar un asunto causal

La intuición es el vehículo ideal para descubrir y arreglar un problema causal. Con el fin de tener ideas sobre cómo arreglarlos, remítete a la lista de dones intuitivos de la página 126. Este ejercicio está pensado para servirte de guía y puedes adaptarlo para trabajar con otras personas. Debes saber que tendrás acceso a la rueda interna del chakra, donde se aloja el problema causal. Las diferencias entre la rueda interna y la externa se han explicado en el capítulo 2.

Los siguientes pasos te guiarán en el proceso de curación intuitivo:

* PASO UNO: **Abrir la intuición.** Haz unas cuantas respiraciones profundas y pide a lo divino que abra tus facultades intuitivas de una manera sana y segura.

* PASO DOS: **Selecciona un problema y un chakra.** ¿Hay algún problema que te preocupe? Céntrate en el problema y pregunta a lo divino qué chakra será el más adecuado para solucionarlo. Si es necesario, revisa el capítulo 3 y analiza los problemas relacionados con cada chakra. También puedes usar el consejo 4 para seleccionar el chakra adecuado. Ese consejo requiere el uso de un péndulo.

* PASO TRES: **Crea la intención.** Formula una intención que te permita realizar el trabajo dentro del chakra para llegar a la situación causal y luego procede a su curación. Por ejemplo, puedes decir: «Estoy descubriendo la causa de mi problema así que le pido a lo divino que me ayude a sanar por completo».

* Paso cuatro: **Preparación.** Busca un lugar tranquilo, serénate y céntrate en el chakra concernido. Imagina que hay una puerta dentro del chakra que conecta el presente con el pasado. Abre la puerta. Cuando esté abierta, métete dentro. Pide a lo divino que te lleve directamente a la situación que originó el problema.

* Paso cinco: **Vuelve a experimentar y aprende.** Percibe tu herida y quién la pudo causar. Hazte una idea del aspecto que tiene –edad, apariencia, el momento en que vivió si crees que tú estás en otra vida–. Permítele que revele la experiencia que causó el problema.

Cuando entiendas que la situación ha sido completamente revelada, deja a tu conciencia «caer» en la situación histórica, eliminando la separación entre tú y tu parte herida. Cuando ocurra, sumérgete lo más profundamente posible en la situación causal involucrándote al máximo en la circunstancia. Después, pregunta a lo divino lo siguiente:

- ¿Qué pasó realmente para causar este malestar de larga duración?
- ¿Quiénes estuvieron involucrados en el drama y qué papel desempeñó cada uno?
- ¿Absorbí energías que no eran mías y de quién podrían haber sido?
- ¿Qué sentimientos provocó esa situación y cómo me afectaron?
- ¿Qué patrones se forjaron y por qué me afectaron tan negativamente?
- ¿Fueron apegos, ligaduras o adherencias las que aparecieron por culpa de esa situación?

* Paso seis: **Toma el don.** No importa el daño que la situación nos haya provocado, cada acontecimiento nos ayuda a crecer y madurar. Teniendo esto en mente, céntrate en lo bueno que puedas sacar de dicha experiencia. Pídele a tu espíritu guía que te ofrezca la más alta enseñanza. Luego, pide cómo aplicar esa sabiduría a tu vida cotidiana.

* Paso siete: **Transforma.** Pide que se te devuelva al presente. Envolviéndote en sus alas doradas, lo divino te llevará a la puerta del chakra y separará de nuevo el pasado del presente. Con mucha suavidad, lo divino te colocará en la rueda interna del chakra, acunándote en la luz divina siempre disponible en esta cámara interior. La puerta del tiempo se cierra. Esta luz completa tu sanación y tu transformación, el reino de la luz vence sobre la experiencia causal. Al final, sólo queda la enseñanza, la herida se ha limpiado, se ha curado y ha sido transformada. Mientras permaneces en esta habitación interior, la luz divina irradia desde la rueda interna hacia la externa y acaba inundando todo el chakra.

Ataduras y adherencias han sido erradicadas. Los agujeros han sido tapados. Las grietas y las manchas y cualquier anomalía estructural han sido selladas y curadas. Las energías negativas han sido devueltas a sus orígenes y cualquier tipo de dolor se ha transformado suavemente en sabiduría. Gradualmente te irás identificando en el aquí y ahora, sintiendo una plenitud que jamás habías experimentado hasta ahora.

Disfruta de la curación y porque te has liberado del pasado, y eres libre para aceptar el futuro.

Encuentra la serenidad y retoma tu vida cotidiana.

Consejo 4
Buscar un problema causal con el péndulo

Si estás intentando averiguar el origen de un problema causal, coge tu péndulo y pásalo por encima del chakra concernido. Pregunta cosas que puedan responderse con un sí o un no, como vimos en el consejo 1.

Si percibes intuitivamente un problema causal, pregúntale al péndulo si estás en lo cierto. Haz preguntas de manera que se pueda responder con un sí o un no. Por ejemplo, puedes preguntar: «¿Empezó este problema cuando (inserta tu idea)?».

También puedes usar el péndulo para hacer una especie de *zoom* en un período concreto del problema causal. Empieza preguntando por las principales posibilidades. Puede tratarse de vidas pasadas, material epigenético, niñez, edad adulta o cualquier otra opción que se te ocurra. Por ejemplo, «¿El problema se originó en una vida pasada?». Entonces, puedes hacer preguntas que se remonten a años, décadas o siglos atrás.

Consejo 5
Los chakras y el desarrollo del niño

¿Tienes dificultades para descubrir el origen de un problema a través de un chakra? Revisa el capítulo 3, la sección de activación de los chakras, donde se te enseña a qué edad se activa cada uno de ellos, para poder hacer el ejercicio 12: «Usar la intuición para curar un asunto causal».

Por ejemplo, el primer chakra se activa en el útero o hasta los seis meses de edad. Si el chakra causal es éste, tendrás que enfocar la curación en los acontecimientos que pudieron tener lugar en ese período.

La activación de los chakras tiene lugar a las siguientes edades:

Primer chakra – del útero a los 6 meses
Segundo chakra – de 6 meses a 2,5 años
Tercer chakra – de 2,5 años a 4,5 años
Cuarto chakra – de 4,5 años a 6,5 años
Quinto chakra – de 6,5 años a 8,5 años
Sexto chakra – de 8,5 años a 14 años
Séptimo chakra – de 14 años a 21 años

Focos especiales de curación: alivio del dolor a través de las manos

Este ejercicio se enfoca en el uso de las manos en el primer chakra y en el séptimo campo áurico para aliviar el dolor. El ejercicio 14, «Librarse del dolor a través de los koshas», puede usarse si queda algún dolor remanente tras realizar este ejercicio.

Para entender cómo funciona este trabajo es importante saber que el dolor crónico o el dolor muy agudo siempre tiene que ver con el primer chakra. Este chakra es el banco de liquidación de la energía roja, que representa la energía vital, la pasión, la inflamación, lo material, lo físico y el fuego, entre otras cosas. Demasiada energía roja en este chakra crea congestiones y bloqueos, lo que provoca inflamaciones físicas. A la inversa, la falta de energía roja causa dolor. Esto ocurre porque la energía roja es necesaria para purgar y quemar la toxicidad.

La solución es utilizar los límites externos del séptimo campo áurico como válvula de salida. Las energías que entran en ese campo pasan por todos los campos inferiores de cada chakra, para penetrar en ellos. Siendo así, es el séptimo chakra el que expulsa las energías de todos los chakras y sus correspondientes campos áuricos, lanzándola al entorno. En ese sentido, el séptimo campo áurico es la puerta de entrada de las energías benéficas y la ruta de salida de las energías perniciosas y tóxicas. Cuando asociamos el primer chakra al séptimo campo áurico, aliviamos el sistema de dolor e introducimos el antídoto.

Éstos son los pasos que harán posible la curación, y se pueden usar en uno mismo o en otra persona.

* PASO UNO: **Preparación.** Frota las palmas de tus manos y establece la mano emisora y la receptora (*véase* el ejercicio 4). Localiza el primer chakra usando el péndulo.

Coloca tu mano receptora a pocos centímetros del primer chakra. Luego pon la mano emisora a unos 40 cm del primer chakra. Si trabajas en ti mismo, simplemente estira el brazo todo lo que puedas. Pon la intención de que la mano emisora conecte con el borde externo del séptimo campo áurico.

* PASO DOS: **Suelta energía.** Pregunta si la energía que causa el dolor está siendo transmitida del primer chakra al séptimo campo áurico. Lo divino recogerá la energía y la mandará lejos. Literalmente, la mano receptora recogerá la toxicidad del chakra y la mano emisora la sacará del séptimo campo áurico hacia el entorno. Deja que las energías salientes fluyan en tu mano porque, una vez fuera, no pueden causar ningún problema.

* PASO TRES: **Aporta energía.** Cambia las manos para que la emisora esté encima del chakra con la palma hacia arriba y la receptora en el borde del campo áurico con la palma hacia abajo. Pide que fluyan energías beneficiosas desde el entorno. Ahora señala el primer chakra con el dedo índice y permite que la energía entre en él. Todas esas energías fluirán entre tus manos sin lastimarte.

* PASO CUATRO: **Equilibra.** Coloca ambas manos en el primer chakra y equilíbralo. Pide que la energía equilibrada se eleve por los nadis y entren en cada chakra y en cada campo áurico. Entra en un estado de paz y tranquilidad y disfruta de un estado libre de dolor.

✳ Paso cinco: **Deja ir.** Respira profundamente y quita la mano del primer chakra. Acaba con el proceso de sanación y continúa expulsando energías y dolor hasta que el proceso esté completo.

✳ Paso seis: **Cierra.** Recupera tu vida cotidiana cuando te sientas listo.

nota: Puedes realizar este ejercicio tal cual o sustituyendo las manos por la intuición. Usa el estilo intuitivo que prefieras. Utiliza la intención para cumplir con cada uno de estos pasos.

——————— EJERCICIO 14 ———————
Librarse del dolor a través de los koshas

En ocasiones, estimular la conciencia elevada puede eliminar las razones que causan el dolor –y el dolor mismo, en consecuencia–. Podemos iluminarnos sobre problemas causales activando las fuerzas contenidas en los koshas, las sedes de la conciencia que fueron explicadas en la página 63. Este proceso puede ser especialmente benéfico si hay dolor remanente tras haber llevado a cabo el ejercicio 13.

Concéntrate en el dolor restante. Pide ser guiado por cada uno de los cinco koshas que se describen a continuación con sus nombres. Luego recita el texto que acompaña a cada uno. Puedes hacerlo en silencio o en voz alta. Para entre cada kosha y concéntrate en sus reacciones, al tiempo que limpias y sanas cada uno.

* Kosha físico: *Me desprendo de las causas del dolor que atormentan mi cuerpo, activando las energías invisibles que me ayudarán a conseguir mi intención de curarme.*

* Kosha vital: *Ahora permito que mi fuerza vital sea redirigida para reforzar mi salud.*

* Kosha mental: *Ahora soy consciente de mis creencias disfuncionales que me impiden la curación.*

* Kosha de la sabiduría: *Permito a las altas verdades que transformen las creencias que impiden mi curación.*

* Kosha de la dicha: *Me abro a la energía espiritual que puede ascenderme a un estado superior y promover mi curación completa.*

Permanece centrado en el kosha de la dicha mientras percibes cómo el dolor desaparece paulatinamente y se restablece el bienestar.

Capítulo Siete

Liberación del estrés

A través de lo chakras

Si hay algo seguro en esta vida, además de los impuestos, es el estrés. El estrés es nuestra forma de responder a una demanda. Normalmente es muy difícil cambiar lo que pasa a nuestro alrededor, pero sí podemos alterar nuestras reacciones. De hecho, bajo ciertas circunstancias incluso podemos transformar nuestras energías reactivas para que nos resulten beneficiosas en lugar de herirnos.

Este capítulo presenta ejercicios para soltar el estrés a través de los chakras. Gracias a éstos podemos transformar una percepción negativa en una útil que estimule respuestas beneficiosas y mengüe el exceso de reactividad.

Presentaremos ahora una serie de formas interactivas, divertidas e interesantes, no de evitar el estrés sino de beneficiarnos de él. Se incluye aquí la respiración meditativa, la visualización de colores, el sonido, los arquetipos sanadores y la terapia de gemas. Además se añaden dos consejos para estabilizar el esfuerzo de los chakras.

Respiración de los chakras para librarse del estrés

Muchas modalidades de trabajo con los chakras animan a practicar la respiración meditativa. La respiración profunda, consciente y concentrada calma e integra cuerpo, alma y mente. También activa tu espíritu poniendo tu Yo Superior al servicio de tus actividades diarias, las decisiones que tomas y controlando las reacciones al estrés.

Durante el siguiente ejercicio dejarás que tu respiración trabaje para limpiar y equilibrar cada chakra. Si un chakra está equilibrado tienes más oportunidades de mantener ese estado –no importa lo que la vida te depare–. Empezarás con el primer chakra e irás subiendo hasta el séptimo.

Los siguientes pasos puedes seguirlos cada vez que te sientas sobrepasado por el estrés.

* Paso uno: **Practica una respiración limpiadora.** Inhala profundamente, llenando de aire todo tu ser. Sé consciente de que esas respiraciones están llenas del amor y la energía nutricia que necesitas. Ahora exhala completamente, expulsando con el aire todas las energías tóxicas. Después vuelve a respirar con normalidad.

* Paso dos: **Calma el chakra.** Pon tu atención en el primer chakra. Inhala profundamente y pide que ese chakra se llene de buena energía y se limpie. Mientras exhalas, pide que se lleven las energías negativas o las innecesarias. Estas toxinas se lanzan al entorno, donde lo divino las reconvertirá en energía purificada. Continúa con este tipo de respiración hasta que notes el chakra totalmente limpio y te sientas relajado.

* Paso tres: **Continúa con la relajación.** Céntrate ahora en el segundo chakra y repita el paso dos. Lo mismo harás con el resto de los chakras.

* Paso cuatro: **Cierra.** Haz una profunda respiración y céntrate en el cuarto chakra. Respira unas cuantas veces más y pide que se equilibren todos los chakras, cada uno con relación a los demás. Después, continúa con tu vida habitual.

——————— EJERCICIO 16 ———————
Colorear los chakras

Llenar los chakras con su coloración natural es una de las formas más fáciles de limpiarlos y equilibrarlos, dejándolos totalmente restaurados. El resultado es la eliminación de los sentimientos negativos, la aparición del vigor y la activación de tu esencia espiritual. Este sencillo ejercicio puede llevarse a cabo con rapidez y en cualquier circunstancia.

Recomiendo empezar con el primer chakra e ir subiendo hasta el último. Vas a trabajar con los colores de los chakras y sus cualidades, como se enumeran en la siguiente lista:

Primer chakra: Rojo – Pasión, excitación, energía.
Segundo chakra: Naranja – Innovación, sensualidad, entusiasmo.
Tercer chakra: Amarillo – Claridad, optimismo, concentración.
Cuarto chakra: Verde – Salud, amor, conexión.
Quinto chakra: Azul – Conocimiento, calma, sabiduría.

151

Sexto chakra: Púrpura – Visión, estrategia, guía mística.

Séptimo chakra: Blanco – Pureza, espiritualidad, beatitud.

NOTA: **También puedes usar colores alternativos para el sexto y el séptimo chakra, como ya vimos en el capítulo 1; usa índigo y violeta respetivamente, si así lo prefieres. Las cualidades son las mismas. ¡Disfruta del ejercicio!**

* PASO UNO: **Preparación.** Instálate en un lugar tranquilo y respira profundamente. Céntrate en el chakra que te parezca oportuno y recuerda su color y cualidades naturales.

* PASO DOS: **Color.** Céntrate en el chakra seleccionado. Sitúa tu conciencia en el centro del chakra e instálate en la rueda interna. Visualiza la fuerza superior llenándolo todo con el color del chakra, como si lo rellenara todo con pintura líquida. Ese color salpica fuera de la rueda interior y llega hasta la exterior. Finalmente, inunda todo el chakra y su campo áurico.

* PASO TRES: **Introduce la cualidad.** Ahora piensa en las cualidades asociadas a ese color y disfruta del cambio que se opera en el chakra y, sobre todo, de tu actitud frente al estrés.

* PASO CUATRO: **Repite.** Nutre el resto de los chakras con sus colores apropiados y sus cualidades correspondientes, repitiendo los pasos dos y tres.

* Paso cinco: **Cierra.** Solicita que tu espíritu equilibre los chakras. Cuando te sientas renovado, respira profundamente y regresa a tu vida normal.

EJERCICIO 17
Resonar en los chakras

En el capítulo tres hablamos de los *bijas* (sílabas primordiales) de los chakras. Entonar las sílabas primordiales de los chakras es una forma segura de expulsar las energías negativas, tanto si son físicas, mentales o espirituales. En este ejercicio se te pedirá que sintonices cada chakra con su sílaba correspondiente. Puedes trabajar los chakras en el orden que quieras –o simplemente con el que más lo necesite.

Como recordatorio, éstos son los *bijas* de cada chakra.

> **Primer chakra:** *Lam*
> **Segundo chakra:** *Vam*
> **Tercer chakra:** *Ram*
> **Cuarto chakra:** *Yam*
> **Quinto chakra:** *Ham*
> **Sexto chakra:** *Om*
> **Séptimo chakra:** No tiene una sílaba específica. Pero se asocia a dos sonidos de respiración diferente, *visarga,* que se pronuncia exhalando un «aaaaahhhh» y *NG,* que se pronuncia como el final de la palabra *sing.*

Ahora, pon en práctica los siguientes pasos para entrar en estado de gracia.

* PASO UNO: **Preparación.** Tómate unos minutos de relax. Respira profundamente y concéntrate en el chakra que consideres más afectado por los acontecimientos de tu vida presente. Si tienes dudas al respecto, empieza por el primer chakra y trabájalos todos en dirección hacia arriba.

* PASO DOS: **Céntrate.** Dirige tu mente al chakra seleccionado y entra en su centro. Ahora empieza a entonar la sílaba primordial. Si cantas en voz alta, intenta que sea en el tono más bajo y profundo que puedas, para que tenga efectos físicos. Los tonos medios afectan a la parte mental y los agudos, a lo espiritual. Si quieres, puedes componer una melodía que vaya de lo lento a lo rápido, de lo más bajo a lo más alto, modulando (*véase* el consejo 6 para una visualización adicional).

* PASO TRES: **Repite.** Canta para los otros chakras con toda tu atención.

* PASO CUATRO: **Cierra.** Permite que los chakras se equilibren. Si has sintonizado los siete chakras, puedes pasar por todas las sílabas rápidamente, desde la primera a la séptima, pidiendo la integración de todas. Cuando te sientas renovado, respira profundamente y retoma tu vida cotidiana.

Consejo 6
Resonancia con el color elemental

Cada chakra está relacionado con un elemento y los elementos están asociados a un color. Juntos, sonido y color forman un dúo dinámico, al estilo Batman y Robin trabajando juntos.

Cuando cantes la sílaba primordial de un chakra, como se ha visto en el paso 2 del ejercicio 17, visualiza también el color del elemento. Si tienes más de una opción, escoge el que más vaya contigo o ambos. Si tienes dificultades para visualizar el transparente, pon tu propio color.

Primer chakra: Amarillo para el elemento tierra.
Segundo chakra: Transparente, blanco o azul celeste para el elemento agua.
Tercer chakra: Rojo para el elemento fuego.
Cuarto chakra: Sin color, gris o verde claro para el elemento aire.
Quinto chakra: Gris para elemento éter.
Sexto chakra: Transparente para el elemento luz.
Séptimo chakra: Sin elemento. Asigna tu propio color.

EJERCICIO 18

Eliminación del estrés mental
a través de los arquetipos

Una de las formas más poderosas de eliminar el estrés consiste en transformar la imagen del arquetipo negativo del chakra en su arquetipo positivo. Ésta es una forma realmente extraordinaria de tratar con el estrés mental.

Este ejercicio utiliza tu intuición visual. Aquí tienes que enfocar la mente en un solo chakra, aunque te ofrezcamos un resumen de los arquetipos para todos ellos. Esta información ya ha sido presentada en el capítulo 3, pero ahora la recordamos brevemente.

Arquetipos de los chakras

CHAKRA	ARQUETIPO NEGATIVO	ARQUETIPO POSITIVO
Primero	Víctima	Padre/madre
Segundo	Mártir	Emperador/Emperatriz
Tercero	Sirviente	Guerrero
Cuarto	Impostor	Amante
Quinto	Niño silencioso	Comunicador
Sexto	Crítico	Intuitivo
Séptimo	Egoísta	Gurú

Éstos son los pasos que debemos seguir para la reducción del estrés, usando los arquetipos de los chakras:

* Paso uno: **Preparación.** Crea un espacio sereno para ti, respira profundamente y céntrate en el chakra que parece más afectado por el estrés mental.

* Paso dos: **Focaliza y transforma.** Concéntrate en el chakra estresado. Imagina que estás situado dentro, como si contemplaras una pantalla de cine. En ella aparece el arquetipo negativo del chakra concernido.

Este arquetipo negativo representa el prisma a través del cual estás viendo la situación estresante. Examina el arquetipo hasta que tengas claros los sentimientos y las creencias que han creado una situación tan pesimista. Tan pronto como hayas conseguido aclarar la situación, percibe el arquetipo positivo en la pantalla. Observa cómo el arquetipo positivo abraza al negativo. Sigue observando la escena hasta que veas cómo el negativo va desapareciendo y sólo se ve el arquetipo positivo. Percibe que las virtudes del arquetipo constructivo van sustituyendo los rasgos problemáticos del negativo, dejando sólo la sabiduría. Pide al arquetipo que ha quedado, es decir el positivo, que te ilumine el camino para tomarte positivamente la situación estresante y permanece concentrado en su consejo hasta que te sientas seguro de poder responder al reto con serenidad.

* Paso tres: **Repite.** Repite el paso dos con cada chakra si lo necesitas.

* Paso cuatro: **Cierra.** Pide que se te equilibren todos los chakras. Cuando te sientas restaurado, respira profundamente y regresa a tu vida habitual.

EJERCICIO 19

Terapia de gemas para la tensión física, a través de los chakras

El estrés puede causar dolencias físicas, problemas y dolores. Los estresantes espirituales y los mentales también pueden desembocar en enfermedades físicas. Este ejercicio está diseñado para ayudarte a usar gemas con el fin de eliminar la tensión y el estrés.

La terapia de gemas ha sido protagonista de muchas modalidades de curación a través de los chakras durante miles de años y en cientos de culturas. Cada gema tiene una estructura única que la hace capaz de asociarse con un chakra específico. Los cristales de cuarzo rosa y transparente pueden adaptarse a todos los chakras.

En este ejercicio usarás piedras relacionadas con cada chakra para añadirles energía nueva y positiva. Utilizarás cuarzo transparente o rosa para eliminar energías perniciosas. Antes de empezar el ejercicio, escoge un problema físico y relaciónalo con un chakra, usando las secciones del capítulo 3 en las que se presentan los chakras con sus asociaciones: ubicación, glándula, partes del cuerpo y enfermedades relacionadas. El siguiente cuadro te ayudará a seleccionar la gema para aportarte energía. También puedes usar piedras de tu interés, obtenidas de tu investigación personal.

Las gemas de los chakras

CHAKRA	GEMAS
Primero	Hematites, rubí, granate, ágata (color oscuro), cuarzo gris
Segundo	Heliotropo, cornalina, calcita naranja, amazonita
Tercero	Citrino, calcita dorada, jaspe amarillo, ámbar
Cuarto	Esmeralda, turmalina, malaquita, periodoto, fluorita
Quinto	Calcita azul, lapislázuli, turquesa, aguamarina, ágata (azul)
Sexto	Azurita, moldavita, sugilita, amatista, ametrina
Séptimo	Diamante, calcita blanca, topacio blanco, selenita

Ahora sigue estos pasos:

* Paso uno: **Preparación.** Céntrate en un problema físico y selecciona el chakra que le corresponda. Coge tus dos piedras. Siéntate en un espacio tranquilo y establece cuál es tu mano emisora y cuál la receptora, como se te enseñó en el ejercicio 4. Coloca el cuarzo blanco o rosa en tu mano receptora, y la piedra del chakra en la emisora. Limpia tu mente y haz unas cuantas respiraciones profundas, dejando que tu cuerpo se relaje.

* Paso dos: **Pon intención en las gemas.** Concéntrate en tu mano receptora y el cuarzo que sostiene. Visualiza cómo la energía que causa la tensión física se mete en la piedra. Ahora, presta atención a tu mano emisora y visualiza cómo la piedra del chakra la llena de energía nutricia y serena.

* Paso tres: **Expulsa las energías perturbadoras.** Coge el cuarzo y colócalo cerca del chakra concernido. Solicita a

lo divino que saque esa energía fuera del chakra y la meta en el cuarzo. Cuando esto haya sucedido, separa el cuarzo y acerca la mano emisora para poner la gema del chakra.

* PASO CUATRO: **Deposita energía calmante.** Pon la gema del chakra encima de éste y pide a lo divino que introduzca energías benéficas desde la piedra hacia el interior del chakra. Cuando la tarea se haya acabado, retira la piedra del chakra.

* PASO CINCO: **Equilibra.** Ahora coloca ambas manos encima del chakra y solicita a lo divino que equilibre el chakra. Si no alcanzas el chakra, pon las manos encima de la zona del corazón. Si no llegas al chakra, lleva tus manos al centro, al chakra del corazón, y solicita que puedas conseguir ese objetivo a través del corazón. También puedes usar la intuición para equilibrar.

* PASO SEIS: **Cierra.** Cuando sientas que la tarea está completa, haz unas cuantas respiraciones profundas y regresa a tu vida cotidiana.

* PASO SIETE: **Limpia las gemas.** Es importante limpiar las piedras para que recuperen toda su operatividad y pueden usarse indefinidamente. Puedes meterlas en un baño de sales Epsom (sulfato de magnesio) o ponerlas al sol durante una o dos horas.

Consejo 7
Aceites esenciales
para cada proceso de los chakras

Los aceites esenciales son herramientas vibratorias más que testadas para combatir el estrés. Pueden difundirse, respirarse en un pañuelo, aplicarse tópicamente, usarse en masajes y pulverizados en aerosol. Sólo se desaconseja su uso interno, a menos que lo permita un médico.

Los aceites específicos para cada chakra vibran en sus mismas frecuencias. Para eliminar el estrés, selecciona un aceite que encaje con el chakra que vayas a trabajar y aplícalo del modo que más te guste. Puedes hacerlo antes de iniciar los procesos con cada chakra en este capítulo. La tabla de la página 162 está diseñada para ayudarte a escoger el aceite apropiado.

La vida misma es un proceso estresante. El estrés y los cambios inesperados nos afectan, pero también nos ayudan a crecer y a madurar. Las técnicas basadas en los chakras —como las que emplean la respiración consciente, el color, el sonido y la terapia de gemas— son formas simples y elegantes de usar la energía del estrés para crear más bondad y luz.

Aceites esenciales para chakras

CHAKRA	ACEITE ESENCIAL
Primero	Cedro, mirra, pachuli, veriver, eucalipto
Segundo	Bergamota, cardamomo, naranja, neroli, ylang-ylang, hinojo
Tercero	Canela, ciprés, pomelo, sándalo, citronela, jengibre
Cuarto	Geranio, jazmín, lavanda, rosa, romero, menta
Quinto	Albahaca, manzanilla, hierbabuena, árbol de té, salvia
Sexto	Laurel, enebro, vetiver, lavanda, orégano
Séptimo	Cedro, incienso, palisandro, pino, rosa

Capítulo Ocho

Conciliar el sueño

A través de lo chakras

Uno de los mayores retos del mundo moderno es conseguir conciliar el sueño y dormir lo suficiente, no en término de horas sino de calidad. Obviamente, cuando estamos estresados nos cuesta dormir y la falta de sueño favorece el estrés.

En este capítulo encontrarás un sencillo ejercicio para ayudarte a contar ovejas –bueno, realmente, es más un tema de ondas cerebrales que de ovejas–. Las ondas cerebrales regulan todos los estados, desde la vigilia al sueño profundo. Sólo cuando éstas son las adecuadas, caemos dormidos y nos mantenemos así.

A través de este ejercicio te centrarás en el cuarto chakra, que es el centro de las energías sutiles de la anatomía. Fomentando la serenidad a través del chakra del corazón, se calma la totalidad del sistema de energías y se armoniza el cuerpo, la mente y el alma. También favorece la potencia del órgano cardíaco, que emana la actividad electromagnética que alimenta al resto de los órganos, incluyendo el cerebro. Sólo cuando el campo del corazón está tranquilo, el cerebro se regula convenientemente; en ese momento es cuando podemos empezar a notar que nos entra el sueño.

Antes de introducirte en el ejercicio para el sueño basado en los chakras, te presentaré algo de información sobre cómo funciona el sueño. Después del ejercicio sigue un consejo con el que «olerás bien», te relajarás y te sentirás arrullado con un bálsamo de lavanda.

El transfondo de las ondas cerebrales
Qué puede conseguir un ejercicio para dormir a través de los chakras

Este ejercicio para dormir está centrado en el centro del corazón para transformar las ondas cerebrales estresadas en ondas cerebrales que inducen el sueño. Las ondas cerebrales que se producen en períodos de estrés son las que no nos dejan dormir. Por el contrario, las ondas cerebrales tranquilizadoras nos permiten entrar en el sueño.

Una onda cerebral es un impulso eléctrico producido por el cerebro. Las ondas cerebrales se miden en ciclos por segundo o hercios (Hz), que miden la frecuencia media producida por las neuronas en el cerebro. Lo cierto es que el ritmo de las ondas cerebrales va cambiando constantemente, dependiendo de lo que estemos sintiendo o haciendo. Por su parte, las ondas cerebrales también afectan a lo que sentimos, pensamos y a cómo actuamos.

Las ondas cerebrales se describen en oscilaciones. Cada grupo representa una forma diferente de pensar y de comportarse. Las siguientes categorías van desde la más rápida y alta frecuencia a la más baja y lenta, y presentan también la palabra clave que asignamos a cada categoría. Estas palabras claves se utilizarán durante el ejercicio para dormir.

Gamma (38-42 Hz): **Espiritualidad.** Sólo podemos acceder a este tipo de ondas cuando estamos completamente relajados, a través del cual se puede llegar a estados de altruismo y virtud.

Beta (12-38 Hz): **Vigilia.** Indica alerta, vida cognitiva y un estado completamente despierto.

Alfa (8-12 Hz): **Conciencia.** Nos mantiene en estado sereno pero alerta. Invita al estudio y el aprendizaje.

Theta (3-8 Hz): **Relajación.** Nos sumerge en un estado más meditativo en el que aparecen miedos y problemas psicológicos, pero también nos permite superarlos. En este momento podríamos entrar en el sueño.

Delta (5-3 Hz): **Sueño profundo.** Generadas en la meditación profunda o en los estados contemplativos, permiten la regeneración del cuerpo. Se relaciona con el sueño reparador sin presencia de sueños.

Ondas infra-low (por debajo de 5 Hz): **Modulador/Estabilizador.** Muy lentas, probablemente muestran los ritmos corticales, que son el centro de control de toda la red del sistema nervioso. Estas ondas pueden modular las otras ondas y estabilizar el sistema nervioso central. Más adelante se convierten en el foco del trabajo central de la hiperexcitación, de los patrones del sueño y del síndrome postraumático o PTSD (Brainworks, «What Are Brainwaves?»).

Los problemas del sueño, tales como el insomnio o la inquietud, pueden afectarnos por muchas razones. Sin embargo, básicamente, se trata de una alteración en las ondas cerebrales, de manera que nuestro sueño se ve afectado. Lo normal es caer del estado beta al alfa antes de descender al theta y, finalmente, al delta. Si no hacemos este proceso entero, nunca alcanzaremos el sueño o, si lo conseguimos, lo haremos con un ojo abierto (Mental Health Daily, «5 Types»).

En el siguiente ejercicio para dormir, no intentaremos averiguar qué es lo que no funciona con nuestras ondas cerebrales. Por ejemplo, lo primero que se hace es acceder al cuarto chakra y, a través de él, acceder al sueño pasando por todas y cada una de las ondas cerebrales hasta que nos durmamos. Los expertos en el sueño afirman que todos progresamos del estado beta al alfa, del alfa al theta y, finalmente, al delta (Mastin, *Types and Stages of Sleep*). En mi ejercicio recomiendo, no obstante, seguir el siguiente orden: beta, alfa, gamma, theta, infra-low y delta. Creo que entrar en gamma antes de caer en la actividad theta eleva la conciencia y conecta con la protección angelical.

En mi práctica profesional he observado que una de las principales razones por las que la gente no puede dormir es porque se sienten inseguros. Tanto en los niños como en los adultos, la noche activa los sentidos psíquicos e incrementa la capacidad para detectar peligros, fantasmas y otras cosas amenazadoras. En resumen, empezamos a percibir los «monstruos debajo de la cama». Al alinearnos con la protección cósmica solventaremos este problema.

Hay que entrar en un estado infra-low antes que en el estado delta. Muchos de mis clientes se quejan de que se despiertan justo antes de entrar en el sueño profundo o estado delta. A partir de ese momento, se quedan tumbados, con los ojos como platos, obsesionados por sus problemas y preocupaciones. Mi opinión es que muchos de esos problemas están «almacenados» en el estado infra-low. Si logramos serenar esas ondas, podremos calmar la mente, erradicar el parloteo mental y respirar profundamente para rendirnos al sueño. Evidentemente, lo deseable es que no te pille despierto cuando alcanzas el estado delta, sino que estés en fase de sueño profundo. Este ejercicio está pensado para llevarte en esta dirección.

EJERCICIO 20
Sueño basado en el chakra del corazón

Puedes llevar a cabo este ejercicio tumbado en la cama o cuando vas a hacer la siesta. Sugiero que revises el ejercicio cuando te despiertes y que memorices las palabras clave y la información que representan. De ese modo, cuando estés realmente preparado para el descanso, simplemente te concentrarás en el código de palabras clave y dejarás que lo divino haga el resto. (*Véase* consejo 8 sobre el uso de la lavanda para impulsar los efectos de este ejercicio).

* PASO UNO: **Acepta tu estado actual.** Antes de cambiar tus ondas cerebrales y relajarte profundamente, debes aceptar todas las experiencias que has tenido a todos los niveles. Nuestros problemas se nos hacen tan presentes por una razón y sólo podremos combatirlos tras aceptar que existen.

Una vez tumbado, haz una profunda respiración y «déjate llevar». Sin juicios, deliberadamente, percibe las zonas de tu cuerpo que están en tensión, que te duelen, percibe tu agotamiento, tu fatiga. Deja que tu mente dé unas cuantas vueltas a los problemas. Percibe el bloqueo de las energías sutiles y deja que se desaten tus emociones. Haz lo mismo en busca de la serenidad, de la calma, y nota cómo se va instalando la paz en todas las áreas de tu cuerpo, en todo tu ser.

* PASO DOS: **Céntrate en tu cuarto chakra.** Cuando vayas pasando por los escenarios que estás experimentando en tu vida, céntrate en el cuarto chakra. Pide que lo divino se una a ti, aportando serenidad y amor. Solicita permiso para descender al mundo del sueño.

* PASO TRES: **Fluye en las ondas cerebrales.** Lo divino empezará a modificar tus ondas cerebrales, regulándolas perfectamente para que puedas dormirte. De hecho, sólo tendrás que pensar brevemente en las palabras clave de cada onda cerebral para recibir la calma que te adormezca. Te dormirás en cuanto tu cerebro esté preparado para ello y el paso restante se llevará a cabo inconscientemente.

De uno en uno, lo divino te llevará por las siguientes etapas:

Vigilia (Beta): Si hay algún pensamiento que deba aparecer amorosamente en tu corazón, lo hará en este momento. Los factores estresantes desaparecerán como una nube que se lleva el viento.

Conciencia (Alfa): Empiezas a ser consciente de la bondad del día que ha pasado y de la dulzura de la calma que te espera inmediatamente. Lo divino reemplazará todo lo estresante por un estado de conciencia y gracia.

Espiritualidad (Gamma): Tu espíritu se abre al flujo de amor y serenidad universal. Los ángeles acudirán a acompañar y vigilar tu sueño.

Relajación (Theta): Sólo sientes una profunda satisfacción y relajación al saber que tus necesidades están cubiertas por lo divino. Disfruta de esa tranquilidad y permanece en ese estado, con la seguridad de que serás conducido al próximo paso de sueño cuando estés preparado.

Modulador/Estabilizador (Infra-low): Tu espíritu tiene acceso a los efectos estabilizantes de las ondas cerebrales, calmando profundamente las preocupaciones y armonizando cada nivel de energía de tu ser. Ahora, estás acunado y arrullado en brazos de Morfeo.

* PASO CUATRO: **Despierta.** Una vez despierto tras una siesta o por la mañana o incluso en mitad de la noche, piensa en todas las ayudas que te han conducido a dormirte. Si quieres volver a dormirte, repite las palabras clave de cada tipo de onda cerebral.

Consejo 8
Aroma reconfortante

La lavanda es un aceite esencial universal, capaz de serenar y equilibrar cada chakra y todos los aspectos de tu ser. Hay diversas formas de usar la lavanda para promover un sueño reparador.

Por ejemplo, si estás estresado por el día que has pasado, añade siete gotas de lavanda al agua de tu baño y deja que tus preocupaciones se queden en el agua. También puede echar unas gotitas en la almohada o ponértelas en la piel antes de meterte en la cama.

Otra opción es añadir de tres a seis gotitas en agua hirviendo; luego te cubres la cabeza con una toalla e inhalas la esencia. O bien puedes añadir unas gotitas a un aerosol y pulverizar el dormitorio o utilizar un quemador tradicional. Algunas personas duermen con un saquito de lavanda debajo de la almohada.

También ayuda imaginar que se está en un campo de lavanda y pedirle a la madre naturaleza que te ayude a dormir y tener bonitos sueños.

Capítulo Nueve

Protección

A través de lo chakras

Una de las preguntas más frecuentes que oigo entorno a la protección energética es: «¿Cómo pueden mantenerme a salvo mis fronteras energéticas?».

Las razones por las que se necesitan parámetros energéticos incluyen de todo, desde los sentimientos nefastos de los demás hasta la atracción de personas tóxicas. En el *top* de la lista tenemos la cuestión de saber distanciarnos de las necesidades de la gente, no resultar vulnerables a las interferencias de determinadas entidades y no contagiarnos de enfermedades de terceras personas. Ocasionalmente podemos sentirnos «vampirizados» por otras personas o ser vulnerables a su negatividad. Si eso te sucede, te interesa el siguiente ejercicio, que incluye interacciones con los chakras, los nadis y los campos áuricos.

EJERCICIO 21
Protección de luz dorada

Este ejercicio conviene llevarlo a cabo en estado meditativo.

* Paso uno: **Preparación.** Busca un sitio tranquilo y acomódate. Haz unas cuantas respiraciones profundas y céntrate en el séptimo chakra, el de la corona, que tiene que ver con la unicidad.

* Paso dos: **Crear una intención.** Pide a lo divino que active tu séptimo chakra y luego te aconseje sobre la protección que necesites.

    Hay un mar de protecciones que podríamos necesitar. La tuya en concreto puede contemplar la seguridad física, la salud mental, la capacidad para atraer situaciones que convengan a tus propósitos o elevadas virtudes, relaciones que te afirmen como persona o situaciones provechosas (¡incluso puedes estar atrayendo carambolas impensables a tu propia vida!).

    Tómate unos minutos para navegar por tus deseos y escoger una sola intención —una que represente la totalidad de tus necesidades de protección—. Por ejemplo: «Como hijo de lo divino, apelo a mi derecho a estar sano y salvo, abierto a las energías y a la gente que beneficie mi yo esencial».

    Toma tu intención y céntrala en el séptimo chakra.

* Paso tres: **Abrirse al oro.** Siguiendo en el séptimo chakra, percibe la puerta dorada que hay justo por encima. Ése es el portal de la gracia divina, con el poder para hacer realidad tus deseos.

En el momento en que reparas en esa puerta dorada, ésta se abre. La energía dorada se escapa por la puerta y penetra en tu séptimo chakra, por encima de tu cráneo. Esa energía de color miel activa la intención con la que estás trabajando y la refuerza. La luz de oro, ahora programada con la intención, fluye hacia abajo, hacia tu sexto chakra. Entra en el nadi sushumna, el principal canal que atraviesa tu columna.

A través de ese nadi, el rayo dorado recorre la espina dorsal y va penetrando en todos los chakras, llenándolos con su luz. Sigue hacia abajo y recorre tus piernas hasta los pies, anclándose luego en la tierra misma.

* Paso cuatro: **Expandir el Oro.** Dentro de tus chakras y del nadi sushumna, la luz de oro empuja hacia fuera y se extiende más allá de tu séptimo campo áurico. Como la luz fluctúa desde el centro de tu cuerpo, va limpiando todos los programas tóxicos y las energías que han permitido agujeros en la seguridad. Lo divino lo transformará todo en energías útiles. En lugar de programas negativos, aparecen programas positivos basados en tu intención.

* Paso cinco: **Anclar la Luz.** Pide a lo divino que te llene por completo con la luz dorada, desde arriba. Ten por seguro que se continuará trabajando y ajustando esa nueva energía, así como tus campos áuricos, para que tus protecciones energéticas se adapten a todas las circunstancias. Puedes renovar esta luz dorada de vez en cuando.

* Paso seis: **Cerrar.** Da gracias por toda la ayuda y haz unas cuantas respiraciones profundas. Lentamente, empieza a percibir lo que te rodea. Siente la diferencia en tu cuerpo y vuelve a instalarte en el mundo cuando estés listo.

Consejos adicionales

Hay diversas maneras de reforzar tus protecciones, las cuales puedes utilizar como complemento al ejercicio de la luz dorada o como refuerzo posterior. Aquí presento algunas ideas:

Símbolos básicos

Hay tres símbolos fundamentales con significados específicos de los que ya se ha hablado en el capítulo 3. Cuando necesites reforzar tus protecciones, selecciona uno de los tres que encontrarás más abajo.

La manera más sencilla de implantar una de estas formas a tus fronteras energéticas es fijarla en un chakra y visualizar cómo va empujando hasta los campos áuricos. Habrás acabado cuando la forma esté anclada en tu séptimo campo áurico. Lo divino fijará dichos parámetros hasta que dejes de necesitarlos.

Símbolos cuadrados: Las formas cuadradas aportan seguridad, estabilidad y salud.

Símbolos circulares: Las formas circulares consolidan relaciones y aportan energías suaves y amorosas a una situación o una frontera energética.

Símbolos triangulares: Las formas triangulares invitan a las transformaciones y los cambios.

Marcar con color

Retomando al análisis de los colores que compartimos en el ejercicio 16, «Colorear los chakras», en la página 151, escoge el color que mejor represente el tipo de energía que necesitas para nutrirte y protegerte. Con ese color en mente, concéntrate en tu cuarto chakra y visualiza el color irradiando desde su interior. Ahora, deja que el color emane más allá del cuarto chakra y que llegue a todos los demás y a los campos áuricos. Entonces podrás estar rodeado por ese color benéfico hasta que no lo necesites más.

Capítulo Diez

Manifestación

A través de lo chakras

Para muchos de nosotros, el deseo más profundo es transformar nuestros sueños en realidad. El proceso de transformación de un sueño en una forma física y tangible se denomina manifestación.

Los chakras son vehículos ideales para atraer oportunidades que puedan forjar nuestro futuro. Cada chakra tiene su particular forma de experimentar y expresar las órdenes que le llegan a través de los campos áuricos, los cuales contienen la palabra exacta que debe responderse. Si nuestra comunicación sutil dice ¡Sí! a lo que queremos, tenemos muchas más oportunidades de atraer situaciones que propicien la consecución de nuestros deseos. Sin embargo, podemos tener programas problemáticos que se oponen a ello.

Manifestaciones especiales
de cada chakra/campo áurico

CAMPO	ATRACCIÓN
Primero	Necesidades materiales, incluyendo dinero, trabajo, compañía sexual, bienestar físico, necesidades vitales básicas, ropa y vivienda.
Segundo	Oportunidades para la salud emocional y para la creatividad.
Tercero	Oportunidades de éxito en el trabajo y retribuciones positivas de los demás; establecimiento de una estructura vital exitosa, incluyendo tiempo para hacer ejercicio, relaciones equilibradas, tareas y deberes, paternidad, etc.
Cuarto	Relaciones enriquecedoras, como amigos leales, compañía de mascotas... también estimula el interés y la apropiación de las elecciones vitales del compañero/a
Quinto	Fuentes de educación y aprendizaje; oportunidades para hacerse oír con autoridad, como ser maestro, escritor, cantante, orador, etc.
Sexto	Percepciones, revelaciones, comprensión mística, visiones y establecimiento de bases para estrategias de vida.
Séptimo	Oportunidades para expresarse espiritualmente y conectar con lo divino o con entidades espirituales de otro mundo.

Podríamos, por ejemplo, atraer situaciones problemáticas.

En este capítulo se te enseñará cómo manifestarte a través de un chakra específico, basándose en su capacidad. Para hacer las cosas más fáciles, consulta la tabla precedente que contiene las aptitudes principales que pueden manifestarse con cada chakra. Tras el próximo ejercicio verás un consejo que te enseñará a optimizar tu manifestación mediante las gemas.

Manifestarse a través
de la especialización de los chakras

La manifestación a través de un chakra es mucho más poderosa cuando se trabajan las dos partes del chakra, la anterior y la posterior. De esa manera, sobrecargamos la manifestación con las virtudes divinas que pueden limpiar bloqueos inconscientes. El siguiente ejercicio demuestra cómo hacerlo. También enseña cómo acceder a la rueda interna del chakra, capaz de limpiar la rueda externa y a abrir la plena potencia del vórtice de luz, sonido y conciencia.

* PASO UNO: **Selecciona un chakra.** Escoge un deseo, el que sea. Luego usa la información específica sobre los chakras del capítulo 3 y la tabla anterior para seleccionar el chakra asociado al tema que representa tu deseo.

* PASO DOS: **Siente y formula tu deseo.** Busca un lugar tranquilo y respira profundamente. Relaja tu mente y sumérgete en el chakra. Céntrate deliberadamente en el sancta sanctorum del chakra, que es la rueda interna. Ahora visualiza que tu deseo se hace realidad. Visualízate viviendo la situación deseada, tu deseo manifestándose. Siente las sensaciones y las emociones relacionadas con la felicidad de la manifestación. Cuando lo hayas experimentado suficientemente puedes emplear la intención para recordarte a menudo tu objetivo, tu deseo.

* PASO TRES: **Difunde la intención.** Siguiendo centrado en el chakra concernido, pide a lo divino que mande la energía necesaria para que tu aspiración se manifieste a

través del chakra. Los poderes de apoyo deben fluir como sigue:

- Entra por la parte posterior del chakra.
- Mezcla las energías en el centro, que es donde está focalizada tu intención.
- Expándete hacia la rueda externa.
- Distribuye al campo áurico correspondiente.

Llegados a este punto, todos tus campos energéticos están cargados de intención. Todas las partes de tu ser trabajarán, ahora, juntas para formalizar tu intención. (*Véase* el consejo 9 sobre cómo utilizar gemas para magnificar tu intención).

* PASO CUATRO: **Cierra.** Cuando estés listo, haz unas cuantas respiraciones profundas y entra despacio en tu vida cotidiana. Ahora sabes que tu chakra y su campo áurico siguen resonando con tu deseo, atrayendo situaciones propicias para acelerar la manifestación de tu deseo.

Consejo 9
Magnificar la manifestación con gemas

Vuelve a la página 159 y revisa las asociaciones de las gemas y los chakras. Selecciona las piedras asociadas con el chakra que te interese y, cuando acabes el ejercicio 22, en el paso tres, manda energía a través del campo áurico hasta la gema. Luego puedes llevar la piedra contigo como recordatorio de tu deseo.

Si alguna vez te preguntas qué acción sería conveniente o inconveniente para tu deseo, usa la gema como punto de referencia. Tómate un ratito y entra en estado meditativo. Céntrate en la piedra, respira profundamente y pregunta a lo divino si hay alguna acción en particular que pueda ayudarte en tu manifestación. Si la respuesta es afirmativa, sentirás un inmediato bienestar en todo el cuerpo. La piedra también subirá de temperatura en tu mano. Pero si la respuesta es negativa, la energía de tu cuerpo se moverá fuertemente y tu mente se aburrirá. La piedra permanecerá fría y parecerá que no sirve para nada.

Capítulo Once

Recibir guía espiritual

A través de lo chakras

Muchos de nosotros sentimos que pasamos por la vida con los ojos vendados, con las orejas tapadas y metidos en el agua. La vida es confusa. Por mucho que hagamos, no podemos saber lo que nos depara el futuro y mucho menos entender el pasado. El antídoto para las incertidumbres de la vida es abrirse a la guía espiritual. Nuestros chakras son portales ideales para recibir –y enviar– guía espiritual.

La intuición es nuestro principal canal para recibir ese tipo de guía. Puede consistir en abrirse a seres etéreos, aunque no siempre sucede eso. Se puede tener acceso a seres concretos, a animales y a todo tipo de objetos, como vallas publicitarias.

Los mensajeros espirituales y sus mensajes son capaces de soportar y manejar nuestro espíritu encerrado en un cuerpo, pueden acceder a nuestra esencia. Los comunicados pueden ser paquetes de energía, revelaciones, advertencias, afirmaciones, serenidad, compasión, confirmaciones, visiones o consejos.

Cada uno de estos estilos intuitivos básicos –físicos, espirituales, verbales y visuales– nos entregan los mensajes espirituales de una forma única. Los ejercicios de este capítulo te ayudarán a usar los diferentes estilos para obtener directrices de lo divino o de un emisario suyo. Para activar más poderosamente estos estilos específicos, te informaremos sobre el chakra en el que debes concentrarte.

Como recordatorio, los estilos intuitivos son los siguientes:

Intuición física: Reconocimiento de la energía ajena en nuestro cuerpo a través de las sensaciones físicas, emocionales o mentales.

Intuición espiritual: Conciencia de las verdades universales a través de un «conocimiento inexplicable».

Intuición verbal: Receptividad del conocimiento a través de sonidos, palabras, tonos e incluso la escritura.

Intuición visual: Reconocimiento de las revelaciones a través de imágenes y fotos.

Intuición mística: Combinación de los estilos, físico, espiritual, verbal y visual.

El consejo 10 incorporará el estilo místico de manera que, potencialmente, puedas convertirte en una especie de antena de luz inspiradora para otras personas.

Estos ejercicio revelan el propósito último de los chakras: son vehículos de devoción a través de los cuales lo divino irradia amor.

EJERCICIO 23

Intuición física – Abrirse a los presagios

Si eres un intuitivo físico, tu fuente ideal de guía espiritual es el entorno físico. Eres capaz de sentir, percibir y comprender la verdad a través de los sentidos físicos de tu cuerpo, principalmente, recibiendo mensajes a través de tus chakras primero, segundo y tercero. Los presagios son la guía óptima que puedes atraer.

Los presagios son signos que se reciben del entorno. La lista de presagios incluye premoniciones sobre acontecimientos beneficiosos o nefastos, visiones proféticas para tomar decisiones, signos de buena suerte o simples mensajes. Las fuentes de los presagios son ilimitadas. Muchos tienen apariencia de seres vivos (o interactúan con ellos), pero también engloban cosas intangibles o sutiles relacionadas con el mundo físico.

¿Quieres abrir tu intuición a signos basados en el mundo físico? Aquí tienes unos cuantos pasos:

* Paso uno: **Pon intención.** Escoge una pregunta o un tema que te interese. Tómate unos instantes para respirar profundamente y relajarte, asegurándote de que llenas la parte inferior de tu cuerpo (chakras uno, dos y tres) de aire. Centra tu atención en ellos y respira con naturalidad.

* Paso dos: **Crea un tiempo límite.** Ofrécele a lo divino un tiempo concreto —entre tres días y una semana— para mandarte un signo que puedas reconocer con facilidad. Apunta la fecha límite.

* Paso tres: **Conciencia.** Permanece alerta y consciente a todos los signos que pudieran aparecer en el entorno. Si recibes varios, apúntalos todos.

* Paso cuatro: **Análisis.** Al finalizar el período establecido, tómate un rato para reflexionar sobre el signo o signos recibidos. Pide a lo divino que te permita elucidar el significado, si no lo tienes claro. Si, por ejemplo, recibes un mensaje de la naturaleza, como un pájaro, un reptil, etc., buscas en Google «significado espiritual de...», «poder del animal tal...» o «tótems». Da gracias por el presagio recibido.

——————— EJERCICIO 24 ———————
Intuición espiritual – Sintonizar con el amor

La intuición espiritual se relaciona con sentir el amor. La simple sensación de amor –o la falta del mismo– en relación con uno mismo, con lo demás o con lo divino, puede operar en nuestros chakras cuarto y séptimo. El siguiente ejercicio te permitirá entrar en contacto con tu habilidad para sintonizar con el amor.

* Paso uno: **Pon la intención.** ¿Hay alguien a quien te quieras dirigir? Tómate un momento para concentrarte en tu deseo en un espacio tranquilo.

* Paso dos: **Sintoniza con el amor.** Lo divino es la autoridad absoluta y habla con el lenguaje del amor. Significa que debes convertirte en puro amor –o sentirte lleno de él– para determinar la visión divina. Con este estado de conciencia, pide a lo divino que te sintonice con el Amor Universal. Siente el rayo de amor incondicional entrar por tu séptimo chakra y fluir por cada poro de tu cuerpo. Céntrate en el cuarto chakra para sentir la pureza de la gracia.

* PASO TRES: **Compara las opciones.** Concéntrate en tu intención y percibe las diferentes formas en que puedes sentir tu deseo y las elecciones que harás en función del mismo. La elección correcta será aquella que te produzca una mayor sensación de amor en tu interior. Las percepciones menos adecuadas te harán sentir una disminución del amor o te parecerán neutrales.

* PASO CUATRO: **Siente agradecimiento.** El agradecimiento es una parte importantísima del lenguaje del amor. Da gracias a lo divino con todo tu corazón por haberte mandado la señal. Haz unas cuantas respiraciones profundas y regresa a la vida cotidiana cuando estés listo.

————————— EJERCICIO 25 —————————
Intuición verbal – Escribir revelaciones

Una de las formas más prácticas de invocar la guía verbal es utilizar la escritura automática. Este proceso debe realizarse en un estado meditativo en el que lo divino pueda componer un mensaje escrito a través de tu mano. Los siguientes pasos te ayudarán en dicho proceso.

* PASO UNO: **Preparación.** Coge lápiz y papel y busca un sitio tranquilo. Respira a través de tu quinto chakra y luego escribe una pregunta en el papel.

* PASO DOS: **Llena tu ser.** Tómate unos momentos para pedir a lo divino que te conecte con tu aptitud verbal para la intuición. Cuando te sientas muy relajado, solicita a lo divino que escriba la respuesta. Deja que guíe tu mano para escribir. Sentirás cómo lo divino escribe a través de ti.

* PASO TRES: **Conversación.** Cuando creas que has acabado con la primera respuesta, puedes pasar a una pregunta diferente –si tienes más preguntas– y escribirla en el papel. Repite el paso dos. Continúa buscando respuestas hasta que hayas acabado.

* PASO CUATRO: **Cierre.** Cuando lo hayas hecho, espera unos momentos a recomponerte y luego lee lo que está escrito, sacando las conclusiones pertinentes y actuando en consecuencia.

EJERCICIO 26
Intuición visual – Ver las señales

Los intuitivos visuales consiguen revelaciones a través de la vista y del sexto chakra. En este ejercicio estarás abierto a imágenes y fotografías, pero también aprenderás a diferenciar una fantasía de una auténtica revelación. Dicha distinción es imperativa porque la pregunta más frecuente de la gente entorno a la clarividencia es cómo se distingue entre el producto de la imaginación y una auténtica revelación.

* PASO UNO: **Preparación.** Busca un lugar tranquilo y relájate en la posición que prefieras. Cierra los ojos y entra

en estado meditativo, concentrándote en el sexto chakra. Pide a lo divino que active tu intuición visual, al tiempo que imaginas una gran pantalla en tu mente. Percibe la pantalla de color blanco o marfil. Las respuestas visuales a tu deseo aparecerán en la misma.

* PASO DOS: **Pon la intención.** ¿Sobre qué quieres tener una visión? Tómate un momento para centrarte en tu deseo y formula una pregunta.

* PASO TRES: **Llama a lo divino.** Concéntrate en la pregunta y pide a lo divino —Maestro de los Artistas— que ilustre la respuesta en la pantalla. Sigue buscando imágenes adicionales hasta que tengas una idea clara de la respuesta de lo divino.

* PASO CUATRO: **Examina las imágenes.** En todo momento podrás volver a revisar las imágenes para asegurarte de que la revelación divina no está tintada con tus deseos personales. Céntrate en las imágenes cuestionables e intenta cambiar alguno de sus componentes. Si la imagen es maleable, es porque la ha creado tu imaginación. Si no puedes alterar nada de lo que aparece en la imagen, entonces es una auténtica revelación. Si sospechas que la imagen ha sido manipulada, limpia la pantalla, recomponte un poco y vuelve a pedir una revelación genuina.

* PASO CINCO: **Cierra.** Cuando hayas acabado, pide a lo divino que limpie tu pantalla y prepárate para regresar a tu vida cotidiana. Abre los ojos cuando estés listo.

EJERCICIO 27

Intuición mística – Llamada a los ángeles

Los intuitivos místicos suelen ser chamanes y personas especiales capaces de acceder a los chakras, a otras dimensiones y a otros planos de la existencia física, espiritual, verbal y visualmente. Pueden entrar en contacto con seres de otros planos y con espíritus de este mundo y del otro.

Este ejercicio está diseñado para ayudarte a contactar con un ángel o un ser de luz asignado por lo divino. Lo he preparado de manera que no tengas que concentrarte en una pregunta precisa ni una intención concreta. Simplemente, recogerás el mensaje que la divinidad quiere darte.

* Paso uno: **Preparación.** En un lugar tranquilo, entra en estado meditativo. Céntrate en tu cuarto chakra.

* Paso dos: **Establecimiento de la conexión.** Sintonízate con lo divino y pide que te llene con amor divino. Luego pídele que te mande un ángel o ser de luz para que te traiga el mensaje (Véase el consejo 10 para saber cómo hacer esto para otra persona).

* Paso tres: **Recepción.** Abre el mensaje en cada nivel intuitivo. Escucha las palabras pronunciadas, cantadas en tu mente. Observa las imágenes que se te presentan. Acepta el amor que te llega de lo divino a través del mensaje. Siente las sensaciones físicas, los sentimientos y comprende lo que se te ofrece. Permanece en modo receptor hasta que tengas el sentido completo del comunicado.

* Paso cuatro: **Cierre.** En algún momento, el mensaje regresará a los cielos. Tómate unos momentos para disfrutar de la iluminación y después manda toda tu gratitud al ángel y a lo divino. Cuando estés preparado, vuelve a tu vida normal.

Consejo 10
Obtener un mensaje místico para otro

Cualquiera de tus poderes intuitivos puede ayudarte a obtener mensajes para ti mismo o bien para otra persona, a través de ti. Vuelve a hacer el paso dos del ejercicio 27 y, en lugar de pedir un consejo para ti, pídelo para otra persona. Antes de hacerlo solicita permiso a la persona concernida para la cual vas a pedir el consejo y, después, sigue los pasos propuestos. Comparte el mensaje con la persona correspondiente cuando ya lo tengas.

CONCLUSIÓN

¿Cuántas veces prestamos atención a las formas que se generan con el humo, a los remolinos de una corriente de agua o al polvo que se levanta en un tornado? Tras leer este libro, seguramente prestes mucha más atención a esos vórtices naturales.

Y mucho más importante es la atención que a partir de ahora prestarás a los remolinos de luz, de sonido y de conciencia que emanan de ti mismo y de tu alrededor. Como has aprendido, esos vórtices sutiles, los chakras, rigen absolutamente todos los asuntos físicos, mentales y espirituales. Interactúan siempre con las fuerzas terrestres y celestes. Se asocian con otros sistemas sutiles, incluyendo los canales y campos áuricos, y nos ayudan en todo tipo de aspectos concretos de la vida cotidiana.

A través de dichos cuerpos sutiles, a pesar de ser invisibles al ojo humano, puedes curar y hacer realidad tus deseos. Puedes encontrar alivio, establecer límites y protecciones seguras y abrirte a la guía espiritual. En resumen: puedes existir como el ser espiritual que eres, viviendo una vida plena de gracia y felicidad. También puedes convertirte en una fuente de inspiración para los demás.

Estarás eternamente inspirado para conducir tu vida en los cielos, manteniendo los pies en la tierra.

BIBLIOGRAFÍA

AVALON, A.: *The Serpent Power.* Mineola, Nueva York, Dover, 1974.

Brainworks: «What Are Brainwaves?» http://www.brainwor ksneurotherapy.com/what-are-brainwaves.

CROWE, B. J.: *Music and Soulmaking.* Lanham, Maryland, The Scarecrow Press, 2004.

DALE, C.: *Llewellyn's Complete Book of Chakras.* Woodbury, Minnesota, Llewellyn, 2016.

—: *El Cuerpo Sutil: Una enciclopedia sobre la anatomía energética.* Málaga, Sirio, 2012.

Enciclopedia Británica Online: «Vedic Religion» www.britannica.com/EBchecked/topic/624479/Ve dic-religion

HAMILTON-PARKER, C.: «The Aura: What It Is and the Meanings of Its Colors». http://psychics.co.uk/blog/ colour-meanings.

HUNT, V. V., *et al.*: «A Study of Structural Integration from Neuromuscular, Energy Field, and Emotional Approaches» http://rolfing-ca.com/PDF/ucla.pdf

INNOVATION TECHNOLOGIES AND ENERGY MEDICINE: «Understanding Auras and Bioenergies», RFI Technical Manual, 2002. www.itembioenergy.com/infocenter/Under standingAuras.pdf

MASTIN, L.: «Types and Stages of Sleep: Non-Rem Sleep», www.howsleepworks.com/types_nonrem.html

MENTAL HEALTH DAILY: «5 Types of Brain Waves Frequencies: Gamma, Beta, Alpha, Theta, Delta» http://mentalhealthdaily.com/2014/04/15/5-types-of-brain-waves-frequencies-gamma-beta-alpha-theta-delta

PERT, C.: *Molecules of Emotion*. Nueva York, Touchstone, 1997.

TABER, J. J.: *The Rapid Healing Technique*. Bloomington, Indiana, Trafford, 2004.

WALIA, A.: «Nothing Is Solid and Everything Is Energy - Scientists Explain the World of Quantum Physics» www.collective-evolution.com/2014/09/27/this-is-the-world-of-quantum-physics-nothing-is-solid-and-everything-is-energy.

WEINHOLD, B.: «Epigenetics: The Science of Change, Environmental Health Perspectives» Environmental Health Perspectives vol. 114, n.º 3 (marzo 2006): A160–A167. www.ncbi.nlm.nih.gov/pmc/articles/PMC1392256

ÍNDICE DE EJERCICIOS

ÍNDICE